KB199964

현대 사회에서 가장 위험한 우상은 돈이고, 마귀가 신자를 타락시키는 가장 강력한 무기도 돈이다. 이 책은 올바로 사용된 돈의 가치와 돈에 대한 잘못된 태도의 위험을 성경적 관점에서 포괄적이면서도 구체적으로 잘 제시한다. 이 책을 통해 돈을 올바로 이해하고 제대로 쓰게 됨으로써 한국 그리스도인들의 신앙이 한층 더 성숙하고 건강해지리라 기대한다.
손봉호 고신대 석좌교수

하나님보다 돈을 더 사랑하는 사람과 하나님을 돈보다 더 사랑하는 사람, 세상에는 이 두 사람이 있을 뿐이다. 《돈과 영성》은 누가 어떻게 돈을 다스릴 수 있는지를 알려 준다. 결국 우리 구원의 끝이 우리가 돈을 구원하는 것임을 깨닫게 한다. 돈이 사람의 가치를 결정하는 이 세상을 이기고자 한다면 이 책은 필독서다.
조정민 베이직교회 목사

폴 트립은 이 책에서 '돈과 영성'의 관계를 잘 보여 준다. 저자의 관심은 돈이 아니라 하나님의 은혜다. 이 책은 하나님의 지혜를 통해 돈을 올바로 이해하고 사용하도록 도와주며, 돈을 숭배하지 않고 하나님을 경외하도록 이끈다. 나는 폴 트립이 쓴 책이면, 무조건 사서 읽는다. 그의 책은 언제나 하나님만 의지하고 영원의 시각에서 삶을 바라보게 한다. 이 책 역시 보배다.
강준민 L.A. 새생명비전교회 담임목사

사람들은 "돈이 없어서", "돈만 있으면"이라는 말을 입버릇처럼 달고 산다. 폴 트립은 우리의 폐부 깊숙이 자리 잡은 돈에 대한 사랑과 믿음을 고발한다. 그리고 우리의 시선이 진정 우리가 사랑하고 신뢰해야 할 하나님께 향하게 한다. 돈으로부터 자유를 꿈꾸는 모든 이들에게 일독을 권한다.
송태근 삼일교회 담임목사

폴 트립은 돈을 (그리고 우리의 돈 문제를) '하나님의 영광과 은혜'라는 더 큰 맥락 안에 집어넣는다. 이 책은 단순히 "이렇게 해라, 저렇게 해라" 말하지 않고, 하나님의 비전을 제시함으로써 돈의 힘을 길들이고 당신의 삶이 변할 가능성을 보여 준다. 이 얼마나 실용적인 책인가?
팀 체스터 영국 버러브리지 그레이스교회 목사

하나님이 베푸신 축복의 의미를 정확하게 알자는 트립의 말에서 지혜가 빛난다. 우리 마음 깊은 곳을 들여다보면 누구나 감사와 함께 한편에는 물질을 향한 욕망이 도사린다. 그리고 그 두 가지가 경제적인 부를 다루는 방식은 아주 다르다. 손을 펼치든지 움켜쥐든지 둘 중 하나인 것이다. 이 책을 읽어 보라. 훌륭한 지혜를 얻으리라 장담한다.
켄 볼퍼트 유럽의 대형 자산 관리 회사 투자 책임자

코미디언 헨리 영맨은 "행복을 어디에 쓰나? 행복으로는 돈을 살 수 없다"라고 말했다. 폴 트립은 재정 문제가 항상 마음과 관련이 있으며, 새해 결심이나 예산 수립이나 복권 당첨이 아니라 마음이 바뀌어야 너그럽고 행복할 수 있다고 가르친다.
마빈 올래스키 〈월드 매거진〉(*WORLD Magazine*) 편집장

폴 트립이 또 해냈다. 이번에는 돈이다. 인생의 모든 일과 마찬가지로 돈은 예산 문제라기보다 마음의 문제다. 트립은 우리의 혼탁한 동기와 은밀한 욕망을 부드럽게 지적한 뒤 우리를 회복하고 변화시키는 은혜의 복음을 전한다. 트립의 글에는 겸손함과 애정이 있고 통찰과 지혜도 있다. 가계부 쓰는 법은 배울 수 없지만, 만족하며 살고 아낌없이 베푸는 마음은 쑥쑥 자랄 것이다.
그레이엄 베이넌 영국 케임브리지 그레이스교회 목사

재정 문제를 해결하고 싶다면 이 책이 답이다! 재정 문제를 해결하려면 올바른 신앙 체계를 갖춰야 하는데 이 놀라운 책은 우리가 만왕의 왕을 위해 돈을 맡은 특권 이면에 있는 성경의 진리를 전한다. 이 책은 분명히 도전적이지만 용기도 준다. 폴 트립은 이번에도 확고한 진리와 그리스도로 충만한 은혜의 균형을 완벽하게 조율한 명작을 썼다. 모든 독자에게 소망을 줄 책이다.
크리스 브라운 〈인생과 돈, 소망〉(Life, Money, and Hope) **라디오 프로그램 진행자**

폴 트립은 특유의 필치로 나도 몰랐던 내 마음의 문제를 일깨운다. 이 책은 돈 문제가 있는 사람, 그리고 자신은 돈 문제가 전혀 없다고 생각하는 사람들이 읽어야 한다. 책을 읽으면 알겠지만 돈 문제는 예산 문제가 아니기 때문이다. 이 책을 읽으면서 마음의 실체가 드러날 것이고, 우리가 간절히 바라는 은혜를 베푸시는 구주를 만날 것이다.
코트니 라이식 *Glory in the Ordinary*(평범함 속의 영광) **저자**

돈과 영성

Redeeming Money

Copyright © 2018 by Paul David Tripp
Published by Crossway
a publishing ministry of Good News Publishers
Wheaton, Illinois 60187, U.S.A.
Adapted from *Sex and Money* (Wheaton, IL: Crossway, 2013), out of print.

This Korean translation edition © 2019 by Duranno Ministry, Seoul, Republic of Korea
This edition published by arrangement
with Crossway through rMaeng2, Seoul, Republic of Korea.

돈과 영성

지은이 | 폴 트립
옮긴이 | 최요한
초판 발행 | 2019. 3. 13
5쇄 발행 | 2024. 6. 21
등록번호 | 제1988-000080호
등록된 곳 | 서울특별시 용산구 서빙고로65길 38
발행처 | 사단법인 두란노서원
영업부 | 02)2078-3333 FAX | 080-749-3705
출판부 | 02)2078-3330

책값은 뒤표지에 있습니다.
ISBN 978-89-531-3415-7 03230

독자의 의견을 기다립니다.
tpress@duranno.com www.duranno.com

두란노서원은 바울 사도가 3차 전도 여행 때 에베소에서 성령 받은 제자들을 따로 세워 하나님의 말씀으로 양육하던 장소입니다. 사도행전 19장 8–20절의 정신에 따라 첫째 목회자를 돕는 사역과 평신도를 훈련시키는 사역, 둘째 세계선교TIM와 문서선교단행본·잡지 사역, 셋째 예수문화 및 경배와 찬양 사역, 그리고 가정·상담 사역 등을 감당하고 있습니다. 1980년 12월 22일에 창립된 두란노서원은 주님 오실 때까지 이 사역들을 계속할 것입니다.

내 마음의
주인 찾기

돈과 영성

폴 트립 지음
최요한 옮김

REDEEMING
MONEY

두란노

제가 왜 조금이나마 선행을 하고
가치 있는 일을 하는지 설명할 길은
하나님의 은혜밖에 없습니다.
이 책을 은혜의 하나님께 드립니다.

REDEEMING MONEY

01부.

왜 내 믿음은 돈 문제 앞에 무기력할까

현실과 믿음 사이에서 주저앉다

02부.

돈,
하나님 자리를
탐하다

'마음'을 두고 벌이는 매일의 전쟁

03부.

돈,
하나님 나라 안에서
제자리 찾기

경제생활을 변화시키는 '은혜'의 복음

01부

현실과
믿음 사이에서

주저앉다

REDEEMING
MONEY

왜 내 믿음은
돈 문제 앞에
무기력할까

1장 세계관과 돈

복음의 안경을 쓰고, '돈의 세상'을 두드리다

뉴욕 차이나타운을 출발해 필라델피아 차이나타운으로 가는 버스에서 우리는 나란히 앉았다. 나는 주말 내내 사역하느라 지쳐서 아무하고도 대화를 나눌 기분이 아니었지만, 버스 맨 뒤 좁은 의자에 같이 앉은 것도 인연이다 싶어 인사차 옆 사람에게 필라델피아에는 무슨 일로 가는지 물었다. 그는 집으로 간다고 답하고는 내게 뉴욕에서 무슨 일을 했는지 물었다. 기독교 컨퍼런스에 참석했다고 하자, 그는 대뜸 자기는 무신론자라서 사람들이 왜 종교를 믿는지 모르겠다고 말했다. 덕분에 간단히 인사만 하고 끝날 대화가 두 시간이나 이어졌다.

그가 하는 말을 들으니 세 가지가 눈에 띄었다. 첫째, 그는 자신이 있었다. 스물여덟 살 청년은 자기가 모든 것을 통달했다고 확신했다. 철학을 전공한 것도 아니고 세상 종교를 아는 지식은 지극히 평범한 데다 기독교에 관해서는 거의 아는 것이 없는 듯했지만 그는 확신에 차서 말했다. 그는 신학자였으나 자신이 신학자인지 모르고 있었다. 그의 인생관은 결코 중립적이지 않았다. 과거와 현재와 미래를 해석하고 인생, 죽음, 정체성, 의미, 목적을 이해하는 나름의 사고 체계가 있었다. 그는 자기가 '무교'라고 말했지만 신학적인 성향은 나 못지않았다.

둘째, 그가 말하는 근거는 수많은 가정에 불과했다. 그는 틀린 말도 아무렇지 않게 했다. 논리와 과학으로 무신론을 입증할 수 있다고 가정하면서, 오히려 '근거 없는 종교 신비주의'에 빠졌다며 우리 같은 사람들을 가엾이 여겼다. 그는 자기 관점을 입증할 성경 같은 자료가 없이도 인생과 실재의 본질에 대한 중요한 가정을 믿고 싶은 대로 믿었다.

셋째, 그가 하는 말을 들으면서 문득 이런 생각이 들었다. '아, 이 사람은 매일 아침 안경을 쓰고 그 안경으로 모든 것을 보는구나.' 누구나 인생의 모든 것을 자기 나름의 해석의 안경을 쓰고 본다. 그는 자신이 보거나 생각한 모든 것을 '무신론의 렌즈'를 통해서 보고 이해했다. 정체성, 성(性), 돈, 인간관계, 윤리, 역사관, 정치를 비롯해 그가 경험하거나 생각한 모든 것은 그의 인생관과 연결되어 있었다.

그는 사려 깊고 똑똑한 사람으로 인생을 진지하게 살았지만 불행히도 잘못된 안경을 쓰고 있었다. 똑바로 보고 이해한다고 생각했지만 단단히 왜곡된 이미지를 보고 있었다. 그가 그 안경을 벗는다면 그때껏 더없이 분명했던 것이 불분명하게 보일 것이다. 그러고 나서 다른 철학과 신학의 안경을 쓴다면 모든 것을 지금과는 달리 이해하게 되리라.

중립적인 인생관은 없다. 완전히 열린 마음은 없다. 사람은 모두 자신의 세계관으로 세상 만물을 이해하며, 자신만의 의미를 생산한다. 그렇게 일마다 입장이 있고, 그 입장에서 결정하고 행동하고 말한다. 우리는 모두 철학자요 신학자로서, 과거와 현재의 경험에서 끊임없이 의미를 찾는다. 우리는 결코 인생을 내버려 두지 않는다.

그래서 돈에 관한 책을 돈 이야기로 시작하는 것은 불가능할 뿐만 아니라 위험하다. 달랑 하나만 가지고 이해할 수 있는 것은 하나도 없다. 모든 것은 나머지 모든 것과 연결되어 있으며, 우리가 옳다고 이해하는 것에 영향을 받는다. 돈을 바르게 쓰려면 돈의 지배를 받지 않고 돈으로 할 수 없는 일을 바라지 말아야 한다. 그러려면 반드시 돈과 세상 모든 것에 대한 생각을 정립하는 세계관을 검토해야 한다.

이 책의 목표는 돈에 관한 모든 것을 성경적 세계관으로 살펴보는 것이다. 더 구체적으로 말하자면, 그리스도 예수의 복음이라는 렌즈를 통해 돈을 바라본다. 먼저 복음의 안경을 제대로 쓰지 않고서는 돈의 세계를 제대로 이해할 수 없다. 우리가 인생에서 당연하다고 가정하는 것들을 예수의 복음으로 바로잡지 않으면, 돈을 이해하고 다루고 실제로 쓰는 방식을 평가할 수도, 널리 전할 수도 없다.

복음적 세계관의 네 가지 기반

무한한 영광의 하나님이 우주의 중심이다

우리가 아니라 하나님이 우주를 다스리신다. 돈에 관해 생각할 때는 반드시 이 관점에서 생각해야 하고, 그렇게 생각하지 않았다면 이제부터라도 생각을 달리 가져야 한다. 인생에서는 우리의 바람이나 욕구, 꿈, 목적, 기대, 계획보다 하나님의 뜻과 목적, 기쁨, 영광이 더 중요하다. 생명의 궁극적 실재 곧 하나님의 존재와 분리해 돈을 생각해서는 안 될뿐더러 그렇게 생각할 수도 없다.

하나님은 지혜로운 계획에 따라 지혜로운 목적을 가지고 우리를 창조하셨다. 우리는 자기 마음대로 살 수 있는 존재가 아니다. 하나님이 지으셨으니 우리는 하나님의 것이고, 돈 역시 하나님의 것이니 우리 마음대로 돈을 쓰고 투자할 수 없다.

그런데 우리는 하나님이 살아 계시다는 중요한 진리를 망각한 채 돈을 쓴다. 내가 주인이 아닌데도 주인인 양 돈을 쓴다. 문제는 거기서 발생한다. 돈을 이해하고 다루는 출발은 금융 교육과 소비 예산이 아니다. 재정과 관련해서 알아야 할 중요한 내용이 많고, 가계부를 쓰면 실용적이지만 그것부터 시작해서는 안 된다. 그것은 마치 아이에게 축구 경기의 목적과 규칙, 기본기는 가르치지 않고 공만 차라고 말하는 것과 같다. 돈에 관한 온갖 정보를 다 알아도 돈의 지배를 받는 불행을 겪을 수 있다. 돈을 어디에 쓸지 정확하게 알아도 하나님의 뜻에 어긋날 수 있다.

존은 자신을 사랑하는 마음으로 멋진 인생 계획을 세웠다. 가난한 집에서 자란 그는 커서 부자가 되겠다고 어릴 적부터 다짐했다. 겉으로 보면 그는 자수성가한 사람이었다. 돈으로 살 수 있는 것은 다 사들여서 안락하게 지냈고, 돈으로 할 수 있는 것은 모두 해 보았다. 은행에 저축한 돈도 많고, 은퇴 자금도 넉넉하게 준비했으며, 청구서가 밀리는 일도 없었다.

그렇게 돈을 많이 버는 데는 성공했지만 더 큰 재정 문제가 그를 괴롭혔다. 누구나 가질 수 있는 가장 심각한 재정 문제는 부채가 아니라 '숭배'의 문제다. 존의 경제생활의 중심은 존이었다. 그에게 중요한 것은 자기 뜻, 자기 계획, 자기 규칙, 자기 성공, 자기의 편안함이었다. 인생에서 가장 중요한 실재 즉 하나님의 존재와 영광은 안중에 없었다.

존은 알지 못했지만 그가 돈을 사랑했던 것은 그가 갈망하던 한 가지, 바로 자기 영광을 드러낼 수 있었기 때문이다. 존은 쾌락과 안락함과 힘을 추구했고, 이 모두를 돈으로 살 수 있었다. 돈을 사랑하는 데서 온갖 악이 자란다면(딤전 6:10 참조) 존의 안락한 삶은 실상 전혀 안락한 것이 아니다. 빚이 없더라도 인생에서 가장 중요한 것을 놓치면 재정의 영역에서 아무렇지 않게 살 수 없다.

돈 문제는 돈에 관한 정보를 얻거나 가계부를 써서 이해해 해결할 문제가 아니다. 돈 문제를 이해하고 해결하려면 제일 먼저 하나님께 순종해야 한다. 인생의 주인은 내가 아니라는 사실에 비추어 살지 않으면 우리는 돈을 원래 목적대로 사용할 수 없고 해로운 버릇을 끊을 수 없다. 이 세상은 개인의 행복을 실현하라고 만든 곳이 아니요, 개인의 욕심을 채우라고 돈을 만든 것도 아니다.

제일 먼저 하나님께 순종하지 않으면 하나님의 뜻과 반대로 돈을 쓰게 된다. 이런 식으로 생각보다 더 심각한 돈 문제에 시달리는 사람이 많다. 그저 빚 없이 즐겁게 돈을 쓸 수 있으면 괜찮다고 생각하지만 사실은 그렇게 단순하지 않다. 돈 문제는 내가 내 인생의 주인으로 살겠다는 태도에서 생기기 때문이다. 합리적인 경제생활의 첫걸음은 우리보다 높은 하나님의 영광에 순종하는 것이다.

우리는 죄로 타락한 세상에 살고 있다

죄는 우리가 사는 세상을 무너뜨렸고, 세상은 하나님이 원래 뜻하신 대로 전혀 움직이지 않는다. 그 사실을 간과하거나 과소평가하면 유혹적인 돈 문제를 제대로 이해하지 못한다. 우리는 타락한 세상에서 돈을 잘못 사용하고 있다. 돈은 날마다 우리를 유혹하고, 거짓말을 한다. 돈은 구원자가 아닌데도 구원자 행세를 해서 수많은 사람이 날마다 하나님이 하실 수 있는 일을 돈에 요구한다.

외부만 무너진 것이 아니라 내부도 무너졌다. 죄는 우선 마음의 문제다. 죄는 생각과 욕구를 타락시켜 갈망과 예배의 대상을 갈아치운다. 죄는 우리를 하나님의 계명보다 욕구의 지배를 받는 사람으로 만든다. 그뿐만 아니라 우리를 우상 숭배자로 전락시킨다. 우상 숭배자는 창조주만 모셔야 할 마음의 자리에 한낱 피조물을 모신다. 돈보다 강한 우상은 별로 없다.

샘을 만났던 날의 일이 지금도 또렷하다. 나는 그날 슬픔과 절망에 빠진 샘을 만나 이야기를 들었다. 샘과 시나 부부는 신자였지만 가짜 구원자에게 걸려들고 말았다. 그들은 비좁고 불편한 집에서 세 아이를 기르면서 살았다. 차는 변변치 않았고 휴가는 겨우 1년에 한 번 가족끼리 가는 캠핑이 전부였다. 교회 친구들은 부촌에 있는 대저택에 살면서 휴가를 그랜드 캐니언이나 디즈니 월드로 떠났다. 샘은 친구가 새로 장만한 대형 SUV를 타고 교회 오는 것을 보면 질투가 나 비명이 터져나올 것 같았다. 시나는 할인마트에서 옷을 사서 입고 다니는 것이 부끄러웠고, 친구들을 한 번도 집으로 초대하지 않았다.

더 이상 이렇게 살 수 없다고 생각한 샘은 일주일에 70시간을 일하면서 돈을 벌었고 승진도 했다. 샘과 시나는 마침내 더 넓은 집으로 이사했다. 꿈에 그리던 SUV도 샀고 이전보다 훨씬 좋은 곳에서 휴가를 보냈다. 그러나 대가를 지불해야 했다. 샘은 늘 집을 비웠다. 시나와 아이들은 이상적인 미국인의 삶(American dream)을 살았지만 시나는 남편을 잃고 아이들은 아빠를 잃었다. 샘의 집은 더 이상 그의 집이 아니었다. 그는 직장에서 살다시피 했고, 휴가만 해도 사실 시나가 아이들과 휴가를 떠나면 간혹 샘이 중간에 합류하는 정도였다. 그들이 이룬 것은 결국 꿈이 아니었다.

샘이 내 사무실로 나를 찾아왔을 때, 시나는 그의 곁을 떠난 상태였다. 두 사람 사이는 소원해질 대로 소원해졌다. 언제부터인가 대화가 끊기고 사사건건 싸웠다. 시나가 샘에게 일을 더 사랑한다고 화를 내자 샘은 시나에게 지금 누리는 좋은 환경에 감사할 줄 모른다고 화를 냈다. 결국 시나는 아이들을 데리고 떠났고, 대저택에는 샘 혼자 남았다.

샘은 단란했던 가족이 어쩌다 이 지경이 되었는지 모르겠다며 심정을 토로했다. 그는 낙심한 목소리로 말했다. "돈으로 행복을 살 수 있다고 생각했던 것 같습니다. 하지만 돈으로 경험이나 물건은 살 수 있어도 행복은 살 수 없다는 걸 확실히 알게 됐어요." 통렬하고 뼈아픈 순간이다.

절망적인 빚더미에 깊이 빠지는 것은 어쩌면 외면과 내면의 죄를 가볍게 생각하기 때문인지도 모른다. 어쩌면 돈으로 할 수 없는 일을 할 수 있다고 너무 쉽게 속기 때문인지도 모른다. 날마다 악마가 거짓말을 퍼붓는 세상에서 살고 있다는 것을 그다지 심각하게 생각하지 않아서인지도 모른다. 당신은 죄의 영향력을 늘 경계함으로써 돈의 기만과 유혹, 오용을 피하고 있는가?

하나님은 은혜로
우리 마음과 삶을 바꾸신다

우리가 사는 세상에는 엄연히 죄가 있지만 분명 은혜도 넘친다. 하나님의 아들이 이 땅에 오셔서 살고 죽고 부활하신 덕분에 우리는 '이미' 도래한 우리의 변화와 '아직' 도래하지 않은 마지막 나라 사이에서 하나님 뜻대로 살고 사랑하고 섬기는 데 필요한 모든 것을 받았다. 죄는 환경 문제만이 아니라 마음의 문제이기도 하다. 외부에서 오는 돈의 유혹을 피할 수 있는 날은 있을지 몰라도 내 마음을 피해 달아날 길은 없다. 자기 안의 죄 때문에 외부에서 오는 유혹에 약한 것이다.

은혜는 마음의 변화를 일으킨다. 마음이 변해야 행동이 완전히 변할 수 있기 때문에 개인의 재정 상황이 진짜 변할 수 있다는 유일한 소망을 주는 것은 하나님의 은혜뿐이다. 어떤 빚더미도 하나님의 은혜보다 높지 않다. 돈이 일으키는 어떤 수렁도 하나님의 은혜보다 깊지 않다.

그러니 재정 문제가 생겨도 당황하지 말라. 두려움에 압도당해 얼어붙지 않아도 된다. 마음의 평안을 위해 현실을 부정하지 않아도 된다. 자책하지 않으려고 남을 탓하지 않아도 된다. 희망을 버리거나 냉소하지 않아도 된다. 우리는 희망을 가지고 재정 문제에 대처할 수 있다. 우리가 똑똑하고 능력이 있어서가 아니라 하나님이 계시기 때문이다. 하나님은 용서와 구원과 변화의 은혜를 베푸신다.

아만다는 혼란스러운 상황에 처해 있다는 사실을 인정하지 않았다. 재정 상황은 매달 나빠지고 더 이상 신용카드 대금을 갚을 수 없는 지경에 이르렀지만 재정 상황이 심각하다는 현실을 인정하지 않았다. 아만다는 정복해야 할 높은 산을 마주한 것 같았다. 아침마다 눈을 떠서 엉망이 된 재정 상태를 배낭처럼 어깨에 짊어지고 오를 산을 바라보면 파멸이 산사태처럼 우르르 쏟아져 내려왔다.

파산 신청을 하려고 했지만 분노에 찬 가족의 비난을 감당할 자신이 없었다. 암담한 절망을 느낄 때는 자살도 생각했지만 도저히 실행에 옮길 수 없었다. 스스로 초래한 일이니 스스로 해결해야 한다고 계속 다짐했다. 우주처럼 막막한 문제 속에서 혼자 있는 것 같았다. 아만다는 어쩔 줄을 몰랐다.

아만다는 심각한 재정 위기에 빠진 그리스도인이었다. 은혜의 기억을 잊었기 때문에 상황은 더 심각했다. 사실 아만다는 혼자가 아니었다. 아만다와 그녀의 처지를 아무도 이해하지 못한다는 것은 사실이 아니었다. 이미 오래전 아만다의 삶에, 놀라운 구원과 변화의 은혜를 베푸시는 하나님과 그분의 능력이 임했다. 자신이 상황을 해결할 능력이 없다고 솔직히 인정하는 것은 파멸의 늪에 들어가는 것이 아니다. 도리어 그것은 하나님께 도움을 구하는 통로가 된다.

하나님이 아만다 안에서, 아만다를 위해서, 아만다와 함께하실 수 있는 일은 아만다가 기도하거나 생각하는 것보다 더 많다. 아만다에게 필요한 것은 경제적 곤경에서 빠져나갈 훌륭한 계획만이 아니라, 용서와 구원과 변화의 은혜였다. 하나님의 자녀로서 이미 받은 은혜와 같은 은혜였다. 아만다가 절망에 빠진 것은 재정 문제 때문만이 아니라 자신의 정체성을 몰랐기 때문이다.

하나님의 은혜에는 새 출발의 메시지가 들어 있으므로 우리는 물러나거나 포기하지 않아도 된다. 우리는 유혹을 물리칠 수 있다. 마음으로 몰래 하던 우상 숭배를 고백할 수 있다. 새롭고 더 훌륭한 습관을 들일 수 있다. 두려움을 이길 수 있고 우리 하나님의 임재와 능력을 믿고 안심할 수 있다. 지금껏 베풀 줄 몰랐더라도 베풀 수 있고, 지금껏 내 인생의 주인처럼 살았더라도 이제 참주인이신 하나님께 순종하고 살 수 있다. 빚더미에서 빠져나올 수 있다.

하나님의 은혜는 돈이 전혀 새롭게 보이는 문을 열어 준다. 우리가 그럴 만한 자격이 있고 착해서가 아니라 하나님이 선하시기 때문이다. 하나님이 우리에게 베푸시는 은혜는 그렇게 강력하다. 당신은 하나님의 은혜에 힘입어 돈을 잘못 쓰는 습관을 완전히 뜯어고쳤는가?

우리는 우리보다 더 큰 존재를 위해

살도록 지음받았다

기독교 세계관으로 돈을 바라봐야 한다는 말은 아무리 강조해도 부족하다. 우리는 모두 죄인이다. 모두 자기중심적으로, 이기적으로 산다. 사람들은 즐겁고 안락하고 행복하게 사는 데 필요한 돈을 하나님이 주시기를 바란다. 그러다 돈이 생기면 하나님을 찬양하고, 반대로 돈이 생기지 않으면 하나님을 의심하며 더 이상 따르지 않는다.

세상을 다 내 마음대로 할 수 있다고 대놓고 거만하게 말하지는 않아도 우리는 눈에 띄지 않게 또는 아무렇지 않게 그런 것처럼 산다. 합리적인 경제생활의 핵심은, 내가 지금 가진 돈은 내 돈이 아니라 하나님이 허락하신 돈이며 하나님의 목적과 기쁨을 위해 써야 한다는 사실을 인식하는 것이다.

왜 남을 돕는 것보다 내가 쓸 물건을 사는 것이 더 쉬울까? 입지도 않을 옷은 왜 사고, 건강에 해로운 음식은 왜 먹을까? 우리는 왜 부자들을 부러워할까? 우리는 왜 조금씩 탈세를 할까? 우리는 왜 감당할 수 없는 빚을 질까? 우리는 왜 한도가 큰 신용카드를 여러 장 가지고 다닐까?

교통수단에 불과한 자동차는 왜 성공과 부의 상징이 되었을까? 수입은 왜 항상 부족하다 느껴질까? 월급이 오르면 그만큼 여윳돈이 생길 텐데 몇 달 후면 여전히 버는 돈보다 쓰는 돈이 더 많다. 헌금할 돈은 없다면서 우리는 왜 빚을 내서 여행 갈 생각을 할까? 지금 가진 것에 만족하지 못하고 왜 항상 더 많이 바라고 더 좋은 것에 욕심을 낼까? 돈은 왜 심각한 문제를 일으킬까?

소소한 결정들이 인생의 방향을 결정짓는 일상 속에서 우리가 자신만을 위해 사는 존재가 아니라는 사실을 잊어버리기 때문은 아닐까? 우리는 자잘한 인간적 계획과 기쁨을 뛰어넘는 훨씬 더 큰 '누군가'를 추구하는 존재로 지음받았다. 비할 수 없이 차원이 높고 훨씬 좋은 그분의 기쁨이 곧 우리의 기쁨이자 우리의 삶이다. 돈은 우리의 개인적인 필요나 즐거움을 위해서만 아니라, 우리가 처한 이 땅의 현실을 초월하는 '진짜 현실'을 기반해서 써야 한다.

실제로 삶을 바꾸는 진리

살아 계신 하나님과 그분이 세우신 계획의 보호를 받지 않고 돈을 제 것으로 여기면 돈을 제대로 이해할 수도, 올바로 사용할 수도 없다. 이 책은 당신뿐 아니라 나를 위한 것이기도 하다. 나는 지갑에 현금을 넣을 때 하나님이 누구신지, 내가 누군지, 내 인생의 목적이 무엇인지 되새긴다. 나도 멋진 옷을 사 입고 맛있는 음식을 사 먹고 싶은지라 하나님의 기쁨보다 내 기쁨을 누리려고 돈을 쓸 수 있으니까. 옷과 음식은 하나님이 허락하신 것이고, 하나님은 나를 믿고 돈을 맡기셨다. 우리가 돈을 지나치게 사랑하는 것은 나를 만드신 하나님보다 나를 더 사랑해서가 아닐까? 하나님은 우리뿐 아니라 우리가 가진 모든 것의 주인이시다.

오늘날 어마어마한 빚을 지고 하루를 시작하는 사람이 아주 많다. 돈을 흥청망청 쓰는 사람은 더 많다. 돈에 점차 중독되는 것을 모르고 사는 사람도 있다. 이렇게 제대로 알지도 못하고 해결할 수도 없는 돈 문제를 안고 산다. 이 책은 이러한 우리의 문제를 폭로한다. 그러나 거기서 그치지 않고, 이어서 희망을 써 나간다. 금융 지식과 가계부 쓰는 법을 가르치지는 않는다. 우리 구주 예수 그리스도의 현존, 그분의 약속, 능력, 지혜, 은혜에서 오는 소망을 이야기한다.

우리 구주 예수님은 우리를 어리석다고 조롱하지 않으신다. 우리에게 당해도 싸다고 말씀하지 않으신다. 우리가 실수를 거듭한다고 질색하거나 고집을 부린다고 나무라지 않으신다. 우리와 함께 일하는 것이 시간 낭비라고 비난하지 않으신다. 포기하지도 떠나지도 않으신다. 예수님은 방황하는 사람, 반항하는 사람, 거짓말하는 사람, 사기를 치는 사람에게 은혜를 아끼지 않으신다. 교만하고 이기적인 사람에게 은혜를 베푸신다. 정신을 차리기 전까지는 상대하지 않겠다고 엄포를 놓지 않으신다. 예수님은 망가지고 엉망인 사람들을 사랑의 팔로 꼭 안아 주신다.

우리 구주께 구제불능이란 없다. 그분이 해결하지 못하실 문제는 없으며, 고치지 못하실 중독도 없다. 그분은 재정 문제의 원인이 나인 것을 아시지만, 그분께 가면 나를 비난하지 않으시고 도리어 내게 꼭 필요한 은혜를 베푸신다.

이 책을 읽으면 돈의 세계를 새롭게 이해할 수 있다. 물론 먼저 하나님의 말씀을 진지하게 받아들여야 가능한 일이다. 나아가 이 책은 우리가 실제로 변하도록 이끈다. 내가 할 수 없는 일, 곧 나를 나에게서 구원하는 일을 하실 수 있는 하나님께 달려가야만 변할 수 있다. 먼저 마음이 변해야 습관이 변한다. 습관이 변해야 예산에 맞게 돈을 쓸 수 있다.

합리적인 경제생활에 필요한 변화가 하나님의 은혜가 우리에게 주는 변화와 동일하다는 사실이 반갑지 않은가? 우리에게 희망이 있다. 우리의 재정에도 희망이 있다.

재정관 바로 세우기

1. "완전히 열린 마음은 없다"라는 말은 무슨 뜻인가?

2. 돈을 자아실현의 수단으로 보면 어떻게 되는가?

3. 죄는 돈을 보는 관점을 어떻게 왜곡해 잘못된 소비 습관에 물들게 하는가?

4. 하나님의 은혜를 힘입은 신자는 스스로 초래한 재정 문제에서 도망가지 않는다. 이유를 설명해 보라. 로마서 8장 1-7절과 갈라디아서 5장 16-17절은 뭐라고 말하는가?

5. 성경적 금전관이 무엇인지 설명해 보라. 그런 관점을 가지면 어떤 긍정적인 결과를 기대할 수 있는가?

말씀으로 변화되는 마음

- 디모데전서 6장 9-11절

2장 정체성과 돈

오늘 내 씀씀이는 나를 '누구'라 증언하는가

세 살 난 손녀가 까르르 웃으며 말했다. "할아버지! 제가 지금 할아버지를 아빠라고 불렀어요. 웃기지요?"

손녀가 보고 싶어서 아들 내외를 찾아간 날이었다. 손녀는 보여 줄 것이 있다며 내 손을 잡고 자기 방으로 가다가 무심코 나를 "아빠"라고 불렀다. 손녀는 다시 나를 할아버지라고 고쳐 부르면서 자기가 할아버지를 아빠로 불렀다며 환하게 웃었다.

아주 짧은 순간이었지만 나는 놀라움을 느꼈다. 손녀는 인생 경험이 부족한 세 살 난 아이인데도 벌써 세상을 체계적으로 이해하고 있었다. 손녀는 자기가 위치한 인간관계의 그물망을 떠올리면서 상대의 호칭을 파악했다. 그리고 자기 위치를 재확인하자 무척 안심하는 표정이었다.

단, 그 아이는 자아에 관한 생각이 꽤 중요하다는 것을 아직 모르고 있었다. 사실 손녀는 저 짧은 대화를 하면서 거쳤던 과정을 평생 날마다 반복해서 할 것이다. 그리고 바로 그 일이 그 아이의 모든 선택과 결정을 좌우할 것이다. 손녀는 이 주제를 가지고 평생 자신과 수없이 대화하고 씨름할 것이다. 방황하기도 하고 생각이 계속 변하기도 하겠지만, 어릴 적 그날 자신의 실수를 정정하며 웃었던 문제만큼은 끊임없이 생각할 것이다.

"도대체 무슨 말을 하는 건지 모르겠어. 이거 돈에 관한 책 아니야? 어린 손녀와 보낸 즐거운 추억은 왜 말하지?"라고 물을 사람이 있을지도 모르겠다. 1장에서 말했다시피, 인생의 어떤 영역도 따로 분리해서 생각하기란 성경적으로 불가능하다. 어떤 면에서 모든 것은 서로 연결되어 있다. 인생의 여러 영역에서 우리의 언행은 마음의 생각과 욕구와 전혀 무관한 것처럼 보인다. 그러나 그렇지 않다. 인생의 모든 것은 마음의 기본적인 생각, 욕구, 목적, 목표, 해석, 예배에 의해 체계적으로 연결되어 있다.

우리는 언제나 무언가를 생각하고 또 바란다. 늘 무언가의 지배를 받는다. 우리는 항상 무언가에 실망하거나 무언가를 칭송한다. 무언가를 잡으려고 하거나 무언가에서 도망을 친다. 무언가에 혼란을 느끼거나 무언가를 이해하려고 한다. 모든 것이 서로 연결되어 있다는 것은 분리되어 존재하는 것이 아무것도 없다는 뜻이다.

사람과 상황만 인생에 영향을 주는 것이 아니라 모든 존재에 대한 우리의 생각도 영향을 준다. 내 손녀는 세 살짜리 꼬마의 작은 인간관계 조직도를 가지고 인간의 존재를 형성하는 가장 중요한 문제를 해결하려고 노력했다. 바로 정체성이다. 그 아이는 그렇게 하는 법을 부모에게 배운 적이 없다. 유아원에서 정체성 형성 과정을 배운 것도 아니다. 사실 손녀는 여느 사람처럼 무의식적으로 정체성을 길렀다. 정체성을 기르는 일은 창조주가 심어 놓으신 본능이다. 손녀가 자아 정체성에 관심을 가지는 것은 그 일이 중요하다는 것을 알기 때문이다. 그래서 하나님은 아담과 하와를 창조한 뒤에 곧장 대화를 시작하셨다. 정체성을 심어 주려고 하신 것이다. 사람이 어떤 존재로서 어떻게 살아야 할지 알려면 제일 먼저 자신이 누군지부터 알아야 하니까.

자, 이것이 돈과 무슨 상관이냐는 물음으로 돌아가자. 다음 문장을 여러 번 읽고 나서 이야기를 계속해 보자. 나는 내 정체성을 모르면 돈을 이해할 수 없고, 내 정체성을 가장 잘 보여 주는 것은 돈이다. 내가 돈을 사용하는 방식보다 내 정체성을 가장 잘 보여 주는 것은 없다.

어떤 사람은 왜 사방에 돈을 뿌리면서 자랑할까? 어떤 사람은 왜 성공의 상징이라는 물건을 사는 데 혈안일까? 이웃 남자는 왜 돈을 기부했다고 큰소리로 자랑할까? 어떤 사람은 왜 늘 빚에 쪼들릴까? 왜 그 부부는 아주 큰돈을 말없이 기부할까? 그 친구는 왜 돈의 공포에 사로잡혀 있을까? 그 사람은 부자 친구들만 만나면 왜 질투와 창피함을 느낄까? 그는 가난하게 자랐다는 사실을 왜 숨길까? 예수님은 다른 어떤 주제보다 왜 돈에 관해 더 많이 말씀하셨을까? 돈은 왜 큰 문제일까? 어떤 사람은 돈이 많은데도 왜 불만일까? 어떤 사람은 돈이 없는데도 왜 불만이 없을까?

이 모든 질문의 답은 "정체성"이다. 기본적으로 정체성이라는 드라마는 돈의 무대에서 펼쳐진다. 씀씀이를 보면 우리가 자신을 어떤 존재로 생각하는지가 분명하게 나타난다. 지금부터는 성경적인 정체성을 살펴보자. 그래야 돈을 올바로 사용할 수 있다. 성경은 우리의 정체성을 다음과 같이 네 가지로 말한다.

'진짜 나'는 누구인가

나는 피조물이다

인생을 이야기에 빗댄다면 우리는 그 이야기를 쓰는 작가가 아니다. 우리의 이야기가 천지가 생기기도 전에 이미 완성되었다는 사실을 생각하면 정신이 조금 아득하다. 우리는 하나님이 제각기 고유한 목적에 맞는 재능과 한계를 부여해 창조하신 피조물이다. 우리가 어떤 존재로 자리 매김하고, 어떤 경험을 하고, 어디에 있는지는 모두 창조주 하나님의 뜻과 목적에 따라 빚어진 결과다. 우리는 스스로 존재한 것이 아니고 원시 수프에서 우연히 탄생한 것은 더더욱 아니다.

우리가 존재하는 것은 하나님의 아이디어고, 우리 존재에는 하나님의 설계가 드러난다. 우리는 하나님의 목적에 따라 존재한다.

우리는 하나님의 뜻을 이루는 존재다. 하나님은 아담과 하와를 창조하신 뒤 제일 먼저 두 사람과 대화를 나누셨다. 왜 대화를 나누셨을까? 두 사람은 자신이 누군지, 인생이 무엇인지, 날마다 무엇을 해야 하는지, 어디서 왔는지 전혀 몰랐기 때문이다.

물론 두 사람은 하나님과 막힘없는 관계를 누리던 완벽한 사람들이었지만 선택과 결정과 언행의 기초가 되는 인생의 기본적인 질문에 답할 수는 없었다. 앞서 말한 것처럼 인간의 소소한 행동이나 욕구조차 정체성에서 비롯한다. 그래서 정체성에 혼란이 생기면 언제나 행동에 문제가 생긴다. 어떤 면에서 '나의 현재'는 늘 앞서서 '나의 미래'를 결정한다.

피조물은 자기 마음대로 닥치는 대로 돈을 쓰거나 스스로 규칙을 정할 수 있는 존재가 아니다. 피조물이란, 하나님이 계시하시지 않으면 어떤 것도 제대로 이해할 수 없는 존재다. 피조물은 창조주를 의지하지 않으면 어떤 의미와 목적, 위험도 인식할 수 없다. 하나님이 에덴 동산에서 친절하게 설명하시지 않았다면 아담과 하와가 하나님의 계획을 전혀 알지 못했을 것처럼, 우리도 하나님의 지혜로운 가르침을 듣지 않으면 돈을 쓰는 이유와 용도가 무엇인지 알 길이 없다. 하나님이 우리를 창조하셨고, 우리가 사는 세상을 만드셨기에 화폐와 귀중품의 본질과 우리의 경제관념도 하나님의 생각에서 나왔다.

우리의 정체성은 돈에서 가장 많이, 가장 강력하게 드러난다.

돈을 쓰는 방식을 보면 그 사람의 정체성이 보인다. 피조물의 정체성이 나타나는 사람은 제 생각을 버리고 창조주의 지혜로운 가르침과 목적에 따라 돈을 이해하고 사용한다. 제 마음대로 돈을 쓰면서 갖고 싶은 것은 무엇이든 갖는 것은 하나님의 피조물이라는 정체성을 부정하는 것이다. 당신의 소비 생활에서는 어떤 정체성이 드러나는가?

나는 죄인이다

미안한 말이지만 우리 중에 멀쩡한 사람은 아무도 없다. 우리는 하나같이 문제가 있고, 여전히 구원의 역사가 필요하다. 스스로 죄인임을 인정하고 나면 세상없이 유능한 회계사가 내놓은 현명한 예산안이라도 재정 문제를 해결할 수 없다는 사실에 눈을 뜬다. 전략만 잘 세우면 인생에 아무 문제가 생기지 않는다면 예수님의 삶과 죽음, 부활은 아무런 필요가 없어지는 것이다. 바로 여기서 다윗의 고백을 기록한 시편 51편을 읽어 보라. 다윗은 자신이 간음과 살인을 저질렀다는 것을 깨달은 뒤 가장 먼저 은혜를 베풀어 달라고 하나님께 부르짖는다.

> 하나님이여 주의 인자를 따라 내게 은혜를 베푸시며 주의 많은 긍휼을 따라 내 죄악을 지워 주소서(시 51:1).

죄인에게 필요한 것은 가르침이나 실용적인 인생 전략, 행동을 규제하는 법만이 아니다. 무엇보다 은혜가 절실히 필요하다. 구조하고 용서하고 용기를 주고 변화를 일으키고 구원하시는 구주의 은혜를 받아야 하나님이 뜻하신 존재가 될 수 있고, 그런 존재답게 행동할 수 있다. 지출을 관리하고 수입을 늘리는 유용한 전략만으로는 잘못된 재정 문제를 해결할 수 없다. 다윗의 고백을 들어 보면 알 수 있다.

다윗은 단순히 눈이 문제가 아니라는 것을 안다. 아름다운 여자들이 있다는 것도, 밧세바 같은 여자가 가까이 살고 있다는 것도 문제가 아니라는 것을 안다. 다윗의 진짜 문제는 내면에 도사리던 죄다. 다윗은 마음에 무언가가 있기 때문에 사악하고 잘못되고 부도덕하고 이기적이고 위험한 문제에 취약하다는 것을 깨닫는다. 마음에 죄가 있으면 하나님이 분명히 잘못이라고 말씀하신 것을 보고도 묘한 매력을 느낀다는 것을 알았다. 나쁜 것인데도 좋은 것으로 보인다. 그 느낌이 아주 강렬해서 자신의 정체성과 하나님의 계명을 내던졌다고 고백하기에 이르렀다.

다윗의 고백을 들어 보면 다윗이 교육을 못 받아서나 환경이 나빠서가 아니라 마음에 악함이 있어서 죄를 지었다는 것을 분명히 알 수 있다.

하나님이여 주의 인자를 따라 내게 은혜를 베푸시며 주의 많은 긍휼을 따라 내 죄악을 지워 주소서 나의 죄악을 말갛게 씻으시며 나의 죄를 깨끗이 제하소서 무릇 나는 내 죄과를 아오니 내 죄가 항상 내 앞에 있나이다(1-3절).

다윗은 '부정'한 마음을 고백한다. 내면이 부도덕하다는 뜻이다. 마음이 순결하지 않아서 비도덕적인 일을 욕망하고 저질렀다. 우리도 이처럼 내면이 악하기 때문에 악한 짓을 한다는 것을 기억해야 한다.

다윗은 또한 '범법'한 마음을 고백한다. 법을 고의적으로 어겼다. 하나님의 법을 몰라서가 아니라 하나님의 말씀을 무시하는 지경에 이르렀기 때문에 어겼다. 우리는 마음대로 살면서 원하는 것을 손에 넣을 수 있다면 무슨 일이라도 한다. 모든 죄인은 역심이 있다.

마지막으로 다윗은 '죄'에 물든 마음을 고백한다. 부정한 마음이 부도덕을 뜻하고 범법한 마음이 도덕적 반역을 뜻한다면 죄는 도덕적 불능을 뜻한다. 죄를 지으면 하나님의 계획과 뜻에 따라 살 수 없다. 죄를 지으면 쉽게 약해지고 너무 자주 패배한다. 죄를 지으면 삶이 하나님의 기준뿐 아니라 자신의 기준에도 못 미치기 십상이다. 따라서 돈 문제는 그 무엇보다 도덕의 문제다. 저마다 나면서부터 가지고 있는 부정과 불법, 죄가 있고 이것 때문에 돈을 잘못 쓰는 것이다. 바로 그 말을 다윗이 이어서 한다. 다윗은 자기가 저지른 모든 잘못의 뿌리에는 선천적인 문제가 있다는 현실을 겸허히 인정한다.

> 내가 죄악 중에서 출생하였음이여 어머니가 죄 중에서 나를 잉태하였나이다(5절).

다윗은 죄를 고백하는 기도를 하면서 판을 뒤집는 통찰을 하나 더 보여 준다. 다윗은 자기가 죄인이라고 고백하면서 마음의 변화만이 유일한 희망이라고 말한다. 여느 죄와 마찬가지로 간음은 하나님의 도덕 기준을 위반하는 특정한 선택과 행동의 문제이기 전에 우선 마음의 생각과 욕망의 문제다. 돈에서도 마찬가지다. 빈번한 백화점 나들이나 신용카드를 여러 장 넣은 지갑, 쥐꼬리만 한 월급, 옷으로 가득한 옷장, 사치스러운 자동차나 휴가만이 문제가 아니다. 가난해도 영적으로 심각한 재정 문제가 있을 수 있다. 돈 문제는 마음의 문제다. 우리는 내 마음을 실제로 지배하는 갈망이 무엇인지 돌아보아야 한다.

> 보소서 주께서는 중심이 진실함을 원하시오니 내게 지혜를 은밀히 가르치시리이다(6절).

내 인생의 목적이 실제로 무엇인지, 나를 행복하게 만드는 것이 실제로 무엇인지, 내 마음이 실제로 예배하는 것이 무엇인지 파악해야 한다.

그래서 우리의 유일한 희망은 다윗이 성경에서 가장 유명한 기도를 하면서 구한 것이다.

> 하나님이여 내 속에 정한 마음을 창조하시고(10절).

사람의 힘으로는 절대 만들 수 없는 것을 구하는 외침이다. 근본적이고 항구적인 마음의 변화. 그래서 새로운 언약은 찬란하게 빛난다. "또 새 영을 너희 속에 두고 새 마음을 너희에게 주되(겔 36:26).

마음이라는 더 중요한 문제를 보지 못하면 우리는 경제생활에서 결코 성장하지 못한다. 죄는 결정, 투자, 소비 활동에 앞서 언제나 마음의 문제다. 당신의 경제생활에서 마음의 변화가 필요한 부분은 어디인가?

나는 고통받는 존재다

세 번째 정체성은 돈 문제와 전혀 무관한 것처럼 보일지도 모르나 그렇지 않다. 로마서 8장 18-23절에서 알 수 있듯이 우리가 사는 타락한 세상은 죄로 엉망이다. 바울은 "온 세상이 탄식하며 …… 우리까지도 속으로 탄식하여 …… 속량을 기다리고 있다"고 말한다. 우리는 아파서, 낙심해서, 짓눌려서 고통스러울 때 탄식한다. 또한 엉망인 채 탄식하는 세상을 날마다 마주하며 산다. 거기서 벗어날 수 없다. 내가 지금 고통받지 않는다면 다른 누군가는 고통받고 있다는 뜻이고, 내가 지금 고통받지 않는다면 언젠가는 고통을 받는다는 뜻이다. 세상이 타락했고 죄로 엉망이기 때문에 '고통받는 존재'라는 정체성은 돈의 개념에 영향을 줄 수밖에 없다.

생필품조차 못 살 정도로 가난하면 고통스럽다. 그래서 가난한 사람은 돈을 구원자로 생각하기 쉬워 그들이 받는 유혹은 너무 크다. 풍족한 생활을 약속하는 것이 예수님이 아니라 물질이라고 믿는다(요 10:10 참조). 우리는 직장 상사, 사업 파트너, 가족 등 다른 사람의 탐욕에 타격을 받기도 한다. 다른 사람의 탐욕에 고통을 받으면 원한을 품고 똑같이 부자가 되어 복수하고 싶은 유혹에 빠진다. 가난과 타인의 탐욕으로 고통을 받으면 결국 더 치명적인 유혹에 빠지기 십상이다. 지혜롭고 선하신 하나님을 의심하게 된다. 선하신 하나님을 의심하면 하나님의 보호나 도움을 더는 바라지 않는다.

본받을 사람이 없는 삶은 힘들다. 예산을 세워서 돈을 쓰지 않고 늘 돈에 쪼들리는 부모 밑에서 자라면 그렇다. 돈을 다루는 법, 가계부 쓰는 법은 물론이고 욕심과 필요를 구별해서 돈을 써야 한다는 것을 아무도 가르쳐 주지 않았다. 어른이 되었지만 돈을 관리하는 법은 기본조차 모른다. 부모의 잘못을 반복하다 결국 대가를 치르기에 이른다. 부모가 겪은 재정적 어려움과 똑같은 형태의 어려움에 삶이 완전히 무너졌다.

그러나 자신을 그 지경으로 내몬 부모를 원망하고 부모의 잘못을 똑똑히 알려 주는 것으로는 문제를 해결할 수 없다. 부모를 용서하고, 스스로 내린 잘못된 결정을 겸허히 고백하고, 주님께 달려가 구원과 용서와 지혜를 받아야만 문제를 해결할 수 있다.

병이 드는 바람에 가진 돈을 다 날리고 일을 할 수 없게 되면 전화를 받거나 우편물을 뜯어보기가 무섭고 고통스럽다. 돈이 없어서 생긴 곤경에서 빠져나갈 길을 생각하기조차 버겁다. 병 때문에 생긴 것은 돈 문제뿐 아니라 마음의 문제도 있다는 것을 알아야 한다. 하나님이 나를 버리셨고 내 기도를 듣지 않으신다고 느껴진다. 주권적인 지혜나 선한 은혜라는 말을 믿을 수 없다. 하나님을 의심할 뿐 아니라 내면 밑바닥에 분노가 흐르기도 한다. 손쓸 수 없는 상황의 피해자가 된 기분이다.

고통과 경제생활이 충돌하면 어떻게 되는지 알아보자. 고통을 받아 수직적인 냉소주의에 빠지면, 하나님의 현존과 약속을 의심해 더는 하나님을 믿을 수 없다고 믿게 되면, 제 마음대로 살고 싶은 유혹을 강하게 느낀다. 제 마음대로 살겠다는 것은 하나님보다 자신이 더 똑똑하다는 말이다. 하나님보다 내가 더 똑똑하다고 생각하면 평탄하고 합리적인 경제생활은 물 건너간다. 사실 제 마음대로 살면 항상 괴로운 문제가 더 생기는 법이다. 꼭 기억하자. 세상이 죄에 물든 것은 인류 최초의 부부가 지혜로우신 하나님을 의심하고 자기가 더 똑똑하다고 생각해 마음대로 살았기 때문이다.

고통을 받는 사람은 만물을 다스리시는 그리스도 또한 똑같이 고통을 받으셨다는 사실에서 위로를 받았으면 한다. 예수님도 우리와 똑같이 유혹을 받으셨다(히 4:14-16 참조). 예수님은 고통이 할퀴는 아픔을 아신다. 우리 상황을 그분의 일처럼 느끼시고, 각자의 필요에 알맞은 은혜를 베푸신다. 좋은 일이라고는 하나도 없는 상황에서도 예수님이 주권적인 능력으로 상황을 바꾸신다(엡 1:15-23 참조).

예수님은 굶주림의 고통, 오갈 데가 없다는 고통, 버림받았다는 고통을 아신다. 억울함의 고통을 아신다. 믿었던 사람에게 버림받고 배신당하는 고통을 아신다. 그래서 예수님은 고통받는 사람을 무시하지 않으신다. 우리가 도와 달라고 할 때 절대 조롱하거나 비난하지 않으신다. 예수님은 우리의 고통 안으로 들어오셔서 오래 참는 은혜, 신실한 사랑, 인생을 바꾸는 지혜를 베푸신다. 재정 문제로 고통을 받는다면 친히 우리 대신 고난을 받으신 구주께 달려가자. 당신은 선하고 지혜로우신 하나님을 의심하면서 마음대로 돈을 사용하고 있지는 않은가?

나는 성도다

성도(saint; 성인)라는 말은 우리의 네 번째 정체성이 잘 나타나는 말이지만 현대에 들어서 본래 의미가 퇴색했다. 성경에서 말하는 성도는 신적 인품과 능력에 도달한 사람을 뜻하지 않는다. 성도란 "영원히 추앙받는 기독교 영웅"을 줄여서 쓴 말이 아니다. 우리는 참뜻 그대로의 성도라는 말을 되찾아야 한다.

성경에서는 예수님의 삶과 죽음, 부활을 통해 받은 은혜로 구원과 용서를 받고 회복한 사람을 줄여서 성도라고 부른다. 바꿔 말하면 그리스도 예수를 진심으로 구주로 믿는 사람은 모두 성도다. 곧 우리에게는 성도로서 돈을 사용할 수 있는 권리와 특권이 있다.

그러나 성도는 구원을 받았을 뿐 완벽한 사람은 아니다. 하나님의 사랑을 받을 자격이 있는 의로운 성도는 아무도 없다. 하나님의 용서를 더 이상 받을 필요가 없을 정도로 완벽한 인품을 갖춘 성도는 없다. 스스로 쌓은 공덕을 바탕으로 하나님과 영원히 살 수 있는 성도는 없다.

성도도 때로 어리석은 짓을 한다. 성도도 하나님의 법을 어긴다. 성도도 믿는다고 말해 놓고 믿지 않는 것처럼 행동한다. 성도도 때로 하나님보다 자기가 더 똑똑하다고 생각한다. 성도도 선하신 하나님을 순간적으로 의심할 때가 있다. 성도도 며칠 동안 하나님보다 자기 생각을 더 많이 할 때가 있다. 성도도 때로 유혹에 빠지고, 때로 방황하고, 때로 하나님의 자녀라는 신분을 망각한다. 성도도 때로 큰 빚을 진다. 성도도 때로 돈에 쪼들리고, 때로 돈을 자기 마음대로 펑펑 쓴다.

우리가 영광스럽게 성도가 된 것은 우리가 잘했거나 지금 잘하고 있어서가 아니라 하나님이 우리를 위해 과거에 하신 일과 지금도 하고 계시는 일 덕분이다. 성도는 무거운 재정의 짐을 혼자 지지 않는다. 성도에게 문제가 생기면 하나님이 도우신다. 그래서 성도는 재정 문제가 생길 때 책임을 회피하거나 남 탓한다거나 도망가서 숨지 않으며, 자책감에 짓눌리지 않는다.

돈을 어리석게 날린 참담한 순간에도 우리는 하나님께 달려가서 용서와 도움을 받을 수 있다. 성도는 마음을 열어서 하나님을 만나고 머리를 열어서 하나님의 지혜를 배운다. 그럴 때 내 인생은 본질적으로 안락과 쾌락, 만족을 위한 것이 아니고 하나님의 영광을 위한 것이라는 복된 사실을 깨닫는다. 깊은 마음속 갈망을 절대 돈으로 채울 수 없다는 사실에 눈을 뜬다. 성도는 행복을 돈으로 살 수 없고, 돈으로는 구원을 받을 수 없다는 진실을 안다.

그러나 그게 전부가 아니다. 성도는 정직하게 반성하는 것을 두려워하지 않는다. 예수님의 보혈이 내 모든 것을 씻어 준다는 것을 알기 때문이다. 과거와 현재, 미래에 우리가 돈으로 지은 죄는 모두 용서를 받았기에 우리는 안심할 수 있다. 하나님의 놀라운 은혜의 힘이 해결하지 못할 돈 문제는 없기에 우리는 두 다리를 쭉 뻗고 잘 수 있다.

모든 성도는 무엇보다 복된 새 출발을 약속하시는 은혜와 지혜의 하나님께 희망을 건다. 돈 문제 때문에 우리의 인생은 끝나지 않는다. 자신의 훈련과 통찰과 재능만 가지고 돈 문제를 해결하려고 하지 말라. 하나님이 날마다 무한한 지혜와 능력을 공급하신다. 우리는 하나님의 성도이기에 어떠한 재정적 난관에도 절망하거나 무기력에 빠지지 않을 수 있다. 우리가 희망을 걸고 도움을 바랄 수 있는 분이 바로 하나님 아버지시기 때문이다.

그래서 성도는 하나님의 목적과 영광을 위해서만 돈을 사용한다. 그러나 그렇지 못했더라도 굴욕과 절망을 느껴 주저앉아 있지 않는다. 희망과 용기를 충전하고 다시 일어나 먼지를 툭툭 턴다. 다시 하나님의 용서와 구원, 능력을 구하며, 하나님의 방법으로 돈을 사용하기로 다시 결단한다. 우리가 하나님의 성도라는 사실을 아는 복된 지식이 우리의 경제생활을 실제로 어떻게 바꾸었는가?

성경이 말하는 피조물, 죄인, 고통받는 존재, 성도라는 우리의 네 가지 정체성을 바로 이해하여 날마다 돈을 사용하는 습관을 바꾸라. 돈을 사용하는 모든 순간 그 정체성을 기억하라.

재정관 바로 세우기

1. "내가 돈을 사용하는 방식보다 내 정체성을 가장 잘 보여 주는 것은 없다." 당신의 소비 습관에서 드러나는 당신의 정체성은 무엇인가?

2. 우리가 창조주의 권위 아래 있는 피조물이라는 사실이 내 경제관에 어떤 영향을 주는가?

3. 당신의 경제생활에서 마음의 변화가 필요한 부분은 어디인가?

4. 고통을 받다가 당신이 냉소적으로 변한다면 당신은 돈을 어디에 쓰게 될까? 히브리서 4장 14-16절은 냉소주의를 고치는 데 어떤 도움을 주는가?

5. 그리스도와 하나가 되고 나서 경제생활에 구체적으로 일어난 변화는 무엇인가? 그리스도와 하나가 된다는 것은 우리 정체성을 어떻게 바꾸는가?

말씀으로 변화되는 마음

- 시편 51편 1-19절
- 요한복음 10장 10절
- 로마서 8장 18-22절
- 에베소서 1장 15-23절

3장 믿음과 돈

‘다 가졌던’ 아담과 하와도 넘어졌다

그 부부는 '다' 가지고 있었다. 그들은 형언할 수 없을 정도로 아름다운 곳에서 살았다. 좋아하는 일을 하면서 세상을 바꾸었다. 그들은 금슬도 좋아 둘 사이에는 잔소리도 다툼도 분열도 없었다. 목적이 분명하고 사랑이 넘치는 아름다운 하루하루를 보냈다. 우리가 그들의 삶을 보았다면 우리도 그렇게 살기를 간절히 바랐을 것이다.

수평적인 관계만 화평하고 온전했던 것이 아니라 수직적인 관계도 온전했다. 그들은 서로 사랑하며 살았을 뿐만 아니라 하나님을 사랑하고 예배하면서 살기도 했다. 그들의 상황보다 더 좋은 상황은 상상하기가 어렵다. 그들은 다 가졌지만, 안타깝게도 다 가져도 충분하지 않을 때가 있다.

단 한 번의 교만과 반항, 반역으로 그들은 모든 것을 잃었다. 성경에서 아담과 하와가 에덴 동산에서 쫓겨나는 순간보다 더 가슴 아픈 장면은 없다. 그들의 세상은 무너졌고, 그들은 서로 멀어졌으며 하나님과도 멀어졌다. 그 무시무시한 피해는 후대까지 이어진다. 그 단 한 번의 불순종은, 우리도 하나님의 선한 일을 나쁜 일로 그르치는 문제에 빠질 수 있다는 깊은 통찰을 주는 사건이다. 사실 성경에서 우리의 재정 문제를 이해하는 데 아담과 하와의 타락 이야기보다 더 꼭 들어맞는 이야기도 없다.

창세기 3장 전체 말씀을 천천히 읽고 나서 조금 더 자세히 이야기해 보자.

> 1 그런데 뱀은 여호와 하나님이 지으신 들짐승 중에 가장 간교하니라 뱀이 여자에게 물어 이르되 하나님이 참으로 너희에게 동산 모든 나무의 열매를 먹지 말라 하시더냐
> 2 여자가 뱀에게 말하되 동산 나무의 열매를 우리가 먹을 수 있으나 3 동산 중앙에 있는 나무의 열매는 하나님의 말씀에 너희는 먹지도 말고 만지지도 말라 너희가 죽을까 하노라 하셨느니라 4 뱀이 여자에게 이르되 너희가 결코 죽지 아니하리라 5 너희가 그것을 먹는 날에는 너희 눈이 밝아져 하나님과 같이 되어 선악을 알 줄 하나님이 아심이니라
>
> 6 여자가 그 나무를 본즉 먹음직도 하고 보암직도 하고 지혜롭게 할 만큼 탐스럽기도 한 나무인지라 여자가 그 열매를 따먹고 자기와 함께 있는 남편에게도 주매 그도 먹은지라
> 7 이에 그들의 눈이 밝아져 자기들이 벗은 줄을 알고 무화과나무 잎을 엮어 치마로 삼았더라 8 그들이 그날 바람이 불 때 동산에 거니시는 여호와 하나님의 소리를 듣고 아담과

그의 아내가 여호와 하나님의 낯을 피하여 동산 나무 사이에 숨은지라

9 여호와 하나님이 아담을 부르시며 그에게 이르시되 네가 어디 있느냐 10 이르되 내가 동산에서 하나님의 소리를 듣고 내가 벗었으므로 두려워하여 숨었나이다 11 이르시되 누가 너의 벗었음을 네게 알렸느냐 내가 네게 먹지 말라 명한 그 나무 열매를 네가 먹었느냐 12 아담이 이르되 하나님이 주셔서 나와 함께 있게 하신 여자 그가 그 나무 열매를 내게 주므로 내가 먹었나이다 13 여호와 하나님이 여자에게 이르시되 네가 어찌하여 이렇게 하였느냐 여자가 이르되 뱀이 나를 꾀므로 내가 먹었나이다

14 여호와 하나님이 뱀에게 이르시되 네가 이렇게 하였으니 네가 모든 가축과 들의 모든 짐승보다 더욱 저주를 받아 배로 다니고 살아 있는 동안 흙을 먹을지니라 15 내가 너로 여자와 원수가 되게 하고 네 후손도 여자의 후손과 원수가 되게 하리니 여자의 후손은 네 머리를 상하게 할 것이요 너는 그의 발꿈치를 상하게 할 것이니라 하시고

16 또 여자에게 이르시되 내가 네게 임신하는 고통을 크게

더하리니 네가 수고하고 자식을 낳을 것이며 너는 남편을 원하고 남편은 너를 다스릴 것이니라 하시고 17 아담에게 이르시되 네가 네 아내의 말을 듣고 내가 네게 먹지 말라 한 나무의 열매를 먹었은즉 땅은 너로 말미암아 저주를 받고 너는 네 평생에 수고하여야 그 소산을 먹으리라 18 땅이 네게 가시덤불과 엉겅퀴를 낼 것이라 네가 먹을 것은 밭의 채소인즉 19 네가 흙으로 돌아갈 때까지 얼굴에 땀을 흘려야 먹을 것을 먹으리니 네가 그것에서 취함을 입었음이라 너는 흙이니 흙으로 돌아갈 것이니라 하시니라

20 아담이 그의 아내의 이름을 하와라 불렀으니 그는 모든 산 자의 어머니가 됨이더라 21 여호와 하나님이 아담과 그의 아내를 위하여 가죽옷을 지어 입히시니라

22 여호와 하나님이 이르시되 보라 이 사람이 선악을 아는 일에 우리 중 하나같이 되었으니 그가 그의 손을 들어 생명나무 열매도 따먹고 영생할까 하노라 하시고 23 여호와 하나님이 에덴 동산에서 그를 내보내어 그의 근원이 된 땅을 갈게 하시니라 24 이같이 하나님이 그 사람을 쫓아내시고 에덴 동산 동쪽에 그룹들과 두루 도는 불 칼을 두어 생명나무의 길을 지키게 하시니라.

오늘, 우리도
넘어질 수 있다

엉뚱한 목소리에
귀 기울인다면

이 역사적인 사건은 워낙 많이 들어서 익숙한 이야기이기 때문에 오히려 놓치는 부분이 많다. 하와가 뱀과 대화를 나누려고 했다는 것부터가 이상한 일이다. 하나님이 하신 말씀을 완전히 뒤집는 인생관을 전하는 엉뚱한 목소리에 왜 관심을 가졌을까? 뱀이 말을 건네는 순간 왜 달아나지 않았을까? 사실이 아니라고 왜 반박하지 않았을까? 그 순간을 돌아보면서 하와가 끔찍한 실수를 저질렀다고 말하는 것은 쉬워도 우리도 하와와 별 차이가 없다는 것을 인정하기는 쉽지 않다.

이 이야기가 우리의 재정과 무슨 상관이 있는지 궁금할 것이다. 마음이 불안하고, 인간관계에 압박을 느끼고, 베풀면서 살지 못하고, 하나님 나라의 일에 아낌없이 뛰어들지 못하게 만드는 돈 문제에 우리가 왜 빠지는지 아주 잘 보여 준다. 예수님은 어떤 주제보다 돈에 관해 자주 말씀하셨다. 예수님의 지혜로운 가르침을 지키면 여러 사람이 헤어나지 못하는 재정 문제를 피할 수 있을 것이다.

그러나 주의 음성보다 더 솔깃하게 들리는 음성이 있다. 악마의 음성을 말하는 것이 아니다. 바로 나 자신의 음성이다. 앞에서 했던 말이지만 다시 강조하고 싶다. 내 인생을 나보다 더 좌지우지하는 사람은 없다. 나만큼 나에게 끈질기게 말하는 사람은 없으니까. 나는 나 자신과 끊임없이 대화한다. 내가 하는 말은 내 욕구, 선택, 결정, 행동에 가장 큰 영향을 준다. 내 마음의 대화는 정말 내 인생의 모든 것을 좌우한다. 하나님이 내게 맡기신 돈을 내가 어떻게 생각하고 어떻게 사용하는지 보면 그 힘이 얼마나 강한지 알 수 있다.

가게 앞을 지나가는 모습을 상상해 보라. 꼭 필요한 것은 아닌데 정말 갖고 싶은 물건이 눈에 띄었다. 당신은 두 가지 목소리를 듣고 그 물건을 살지 말지 결정한다. "너희를 위하여 보물을 땅에 쌓아 두지 말라"(마 6:19)라는 우리 주의 음성을 들으면 사지 않을 테고, 양심에 거리낄 것이 없다고 다독이는 마음의 욕구와 논리에 넘어가면 사게 될 것이다.

하나님이 불쌍한 사람을 내 앞으로 데리고 오실 때 우리는 속으로 돈이 없다거나 국가가 책임을 져야 한다고 변론하든지, 아니면 "네게 구하는 자에게 주며 네게 꾸고자 하는 자에게 거절하지 말라"(마 5:42)라는 예수님의 지혜로운 말씀에 순종한다. 즉 경제생활은 우리가 귀를 기울이는 음성에 영향을 받기 마련이다. 그렇지만 우리는 죄인이라서 주님의 음성보다 내 음성에 더 자주 귀를 기울이는 게 사실이다.

금단의 열매를 탐한다면

아담과 하와가 유혹을 받는 이야기에서 이런 의문이 자연스레 고개를 든다. "하나님이 분명하게 금지한 일인데 하와는 왜 이 주제로 대화를 나눌 생각을 했을까?" 그 일은 윤리의 회색 지대가 아니었다. 하나님은 아담과 하와에게 한 가지만은 확실히 금하셨다. "동산 각종 나무의 열매는 네가 임의로 먹되 선악을 알게 하는 나무의 열매는 먹지 말라 네가 먹는 날에는 반드시 죽으리라"(창 2:16-17).

잠시 생각해 보자. 하나님은 그 열매는 먹지 말라고 콕 집어 말씀하셨을 뿐 아니라 "네가 먹는 날에는 반드시 죽으리라"라고까지 덧붙이셨다. 하와에게는 '다 끝난' 문제였다. 더 생각할 것도 더 말할 것도 갈등할 것도 없었다. 하와가 뱀을 만나서 선뜻 대화를 했다는 것은 하나님의 경고에도 불구하고 하나님이 금지하신 것을 이미 생각하고, 가능성을 타진하고, 욕망했다고밖에 설명할 길이 없다.

우리가 거듭 물어야 할 중요하고 유익한 질문이 하나 있다. "하나님이 하지 말라고 하셨는데도 나는 내 마음대로 돈을 사용하거나 물건을 사고 싶어서 괴로워하지는 않는가?" 이어서 이것도 물어야 한다. "하나님의 지혜롭고 분명한 경고를 듣지 않고 돈을 쓴 적은 없는가?"(요일 2:15; 딤전 6:10 참조)

내가 하나님보다
더 똑똑하다고 생각한다면

'이미' 도래한 우리의 변화와 '아직' 이르지 못한 본향 사이에서 우리는 은혜의 말씀에 기록된 주님의 찬란한 지혜를 마음을 다해 순종하든지, 아니면 어떤 식으로든 내가 더 똑똑하다고 생각할 수 있다. 아담과 하와는 어느 시점에서 자기가 하나님보다 더 똑똑하다고 생각했기 때문에 불순종했다. 그들은 자신들이 하나님보다 더 잘났다고 생각하고 그 나무의 열매를 먹으면 무서운 일이 생기기는커녕 좋은 일이 생길 것이라고 믿었다. 죄인은 항상 자기가 누구보다 똑똑하다고 생각하고, 하나님이 나쁘다고 말한 일에서도 좋은 일이 생길 수 있다고 믿는다.

모든 죄는 하늘의 지혜를 밀어내고 인간의 지혜를 왕좌에 앉힌다. 돈도 마찬가지다. 하나님의 지혜보다 인간의 지혜를 더 높일 때 우리는 돈을 잘못 사용하기 시작한다. 돈 문제는 모두 하나님이 나쁘다고 말씀하신 것도 결국 나쁘지 않을 것이라는 생각에서 나온다. 인간이 어리석다는 것을 인정하지 않고 우리를 보호하는 하나님의 지혜를 과소평가하면 무거운 빚이 쌓이기 시작한다. 내가 하나님보다 조금이라도 더 똑똑하다고 생각하는 것보다 경제적 안녕을 위태롭게 만드는 것은 없다.

하나님의 공급을
과소평가한다면

은혜를 잊는 것과 재정 문제는 확실히 직접적인 상관관계가 있다. 하나님께 받은 은혜와 사랑에 만족하는 사람일수록 제 마음대로 돈을 쓰면서 살고 싶은 유혹을 이기는 힘이 강하다. 감사하는 사람은 손안에 없는 것보다 손안에 있는 것에 집중한다. 뱀의 유혹에서 하와를 보호할 수 있는 튼튼한 방패가 있었다면 감사하는 마음이었을 것이다. 하와는 곧장 "하나님께서 얼마나 아낌없이 베풀어 주셨는지 봐. 우리가 여기서 무얼 더 바라겠어?"라고 말했어야 했다. 이미 받은 것에 집중했다면 하와는 뱀의 유혹에 흥미를 느끼지 못했을 것이다.

건강한 경제생활과 부채와 근심은 마음으로 하는 묵상의 결과라는 뜻이다. 마음의 눈으로 하나님이 분에 넘치게 허락하신 것만 보고 겸손함과 고마움과 놀라움을 깊이 느낀다면 가지고 있지 않은 것은 조금도 생각하지 않을 것이다. 내가 무엇이 필요한지는 누구보다 주님이 잘 아신다는 것과 주님이 늘 넉넉하게 베푸신다는 것을 믿는다면, 결핍을 탓하며 낙심하거나 욕망에 가득 차 세상을 바라보지 않는다. 돈이 없어서 생긴 부채는 훨씬 더 수월하게 해결할 수 있다. 문제가 복잡한 것은 거의 언제나 은혜를 잊은 마음의 욕심 때문이다.

돈을 분별없이 사용하는 유혹에 자주 넘어가는 것은 주님이 베푸신 것을 과소평가하기 때문은 아닐까?

하나님을
의심한다면

뱀의 전략은 선하신 하나님을 의심하게 만드는 것이었다. 뱀의 말은 결국 "알고 보면 하나님은 그리 좋은 분이 아니야. 변덕스럽고 이기적이고 질투가 심해. 너희가 신과 같은 존재가 될까 봐 아주 좋은 걸 감추고 있어. 너희가 신과 같은 존재가 되면 더 이상 신을 의지하지 않아도 돼"라는 뜻이다. 선하신 하나님을 의심하는 사람은 제 마음대로 산다. 믿을 수 없는 존재의 손에 목숨을 맡길 수는 없는 노릇이니 말이다.

여기에는 우리가 돈을 대하고 사용하는 방식에 적용할 수 있는 매우 중요한 내용이 있다. 하나님께 받은 자원을 잘 쓰려면 하나님의 계명이 현명하고 정당하고 우리에게 이로우며, 내가 가진 자원이 만족스럽고 넉넉하고 하자가 없다는 확실한 믿음이 있어야 한다. 돈의 영역에서 선하신 하나님을 의심하기 시작하면 계명을 따르지 않고 제 마음대로 행동하게 되어 결국 온갖 재정 문제에 봉착한다.

우리는 말로는 하나님이 선하시다고 하면서, 정작 돈을 사용하는 방식을 보면 많은 순간 마음 깊이 아낌없이 베푸시는 선하신 하나님을 의심하고 있다. 나는 재정 문제가 있는 사람들을 만나서 상담을 하다가 내담자가 하나님을 극도로 의심하고 그분께 분노하는 것을 보고 적잖이 당황했던 적이 있다.

그들 중에는 하나님이 약속을 지키지 않는다고 믿는 사람들도 있었다. 하나님이 사람을 가려서 사랑한다고 믿는 사람들도 있었다. 하나님이 기도에 응답하지 않는다고 믿는 사람들도 있었다. 하나님의 계명이 자기에게 이롭다는 것을 더 이상 확신하지 못하는 사람들도 있었다. 이미 오래전에 마음의 찬양을 잃어버리고 불평과 불만이 가득한 사람들도 많았다.

하나님이 정하신 선을 넘는다면

인생의 모습과 방향은 전부 도덕적 선택이 결정한다. 사실 하루하루의 특징을 결정하는 것도 도덕적 선택이다. 일상다반사는 평범하기 때문에 눈에 띄지 않는다. 하지만 인생을 바꾸는 것은 서너 가지 굵직한 사건이 아니라 수천 가지 소소한 사건이다. 대단히 중요한 순간에 우리가 어떻게 행동하는지도 일상의 작은 선택들이 모여서 흐르는 방향에 따라 결정된다.

일상에서 수없이 일어나는 소소한 일에서도 도덕적 선택을 피할 수 없다. 무슨 일이든지 선택의 기준은 늘 같다. 하나님이 정하신 선을 지키며 옳은 일을 할 것인가, 그 선을 넘어서 내가 원하는 것을 손에 넣을 것인가? 그리스도인 남편이 부인에게 고함을 지르면서 욕을 한다면 그는 그게 잘못인 줄 몰라서 그러는 것이 아니다. 하나님이 잘못이라고 말씀하셔도 무시하고 그런 행동을 하는 것이다. 그는 원하는 것을 손에 넣을 수 있다면 무슨 일이라도 한다.

마찬가지로 아담과 하와가 금단의 열매를 먹은 것은 그것이 잘못이라는 사실을 몰라서가 아니었다. 그들은 하나님이 정하신 경계가 어디인지 알면서도 원하는 것을 손에 넣으려고 의도적으로 그 선을 넘은 것이다.

우리가 돈을 사용하는 것도 도덕적 선택의 순간에 영향을 받는다. 지혜와 사랑의 하나님이 정하신 경계 안에서 최선의 방법으로 돈을 사용할 것인가, 원하는 것을 손에 넣으려고 그 경계를 넘을 것인가? 물론 돈 문제는 몰라서 생기기도 한다. 우리 인생에서 중요한 부분인 돈 문제와 관련해 하나님이 하신 말씀이 있는데 우리가 그것을 다 모를 수가 있다. 그러나 우리의 돈 문제는 대부분 몰라서가 아니라 거역해서 생긴 것이다. 하나님의 영광보다 우리의 욕망이 더 급해서 돈에 허덕이는 것이다. 실질적이고 변함없이 오래가는 경제생활의 변화는 많이 습득한 정보에서가 아니라 진심 어린 반성과 고백에서 나오는 것이 아닐까?

분명한 결과를 부정한다면

하나님은 분명히 경고하셨다. "반드시 죽으리라"(창 2:17). 사랑의 하나님이 사랑하는 사람에게 하시는 사랑의 경고다. 심판을 선언하는 것은 언제나 은혜로운 행위다. 심판하는 것이 목표라면 경고할 필요가 없다. 사람은 경고를 들으면 위험을 피해서 다른 길로 간다. 경고를 무시하고 하지 말라는 대로 하는 것은, 나만은 대가를 치를 일이 없다고 확신하기 때문이다.

기만적인 죄가 아주 무서운 것은 죄인이 죄의 결과를 부정하기 때문이다. 우리는 모두 잘못을 저질러도 처벌을 피할 수 있다고 생각한다. 불륜남은 불륜을 저질러도 결혼 생활에 아무 지장이 없을 것이라고 생각한다. 폭식을 해도 건강에 이상이 없을 것이라고 생각한다. 빚을 내서 소비해도 괜찮을 것이라고 생각한다.

재정 관리에서 돈을 사랑하고 오용하는 결과를 부정하는 능력보다 더 큰 위험은 없다. 돈 문제는 잘못된 예산, 무분별한 소비, 잘못된 투자에서 생기지 않는다. 돈 문제는 부정을 일삼는 생활 방식에서 생긴다. 돈에 관한 하나님의 경고가 나와는 무관하다고 확신할수록 하나님의 뜻에서 어긋나는 방식으로 돈을 쓰게 된다. 기억하자. 아담과 하와는 대가를 치르지 않으리라고 확신했기 때문에 하나님이 정하신 경계를 넘었다. 마찬가지로 돈 문제와 부정은 떼려야 뗄 수 없는 관계다.

서로

비난한다면

행동 요인이 내부가 아니라 외부에 있다고 생각하는 사람은 은혜의 하나님께 달려가 필요한 것을 겸손히 고백하지 않는다. 오히려 아담과 하와처럼 대뜸 외부 요인을 탓한다. 아담은 하와를 탓했고, 하와는 뱀을 탓했다. 하나님을 거역하고도 아무도 책임을 지려고 하지 않았다.

우리도 돈 문제에서 비슷한 유혹을 느낀다. 돈이 부족하면 자연스레 경제를 탓하고, 쥐꼬리만 한 월급을 탓하고, 타인의 충고를 탓하고, 높은 물가를 탓하고, 가까이 있는 사람을 탓한다. 그런 모습을 보면 무서울 정도다. 우리는 자기 마음의 생각과 욕망 때문에 재정 문제가 생기는 게 아니라고 쉽게 단정한다. 그러고는 재정 문제를 더 악화시킬 뿐 아니라 도움이 절실히 필요한데도 도움을 구하지도 않는다. 외부 요인을 탓하면 도움을 받아야 한다는 것을 부정할 뿐 아니라 마음을 고치지도 않고 습관을 바꾸지도 않는다. 우리가 끊임없이 재정 문제에 시달리는 것은 워낙 다른 사람 탓을 잘해서가 아닐까?

창세기에 3장이 있는 것은 죄가 세상에 들어온 재앙의 역사를 기록하려는 뜻도 있지만, 우리에게 경고하려는 뜻도 있다. 아담과 하와의 타락은 우리가 어떻게 타락하는지를 보여 주는 연구 사례이고, 그렇기 때문에 돈 문제가 어떻게 생기는지를 보여 주는 사례

이기도 하다. 그러나 논의를 거기서 끝낸다면 절망적이다. 이 본문은 인류 역사에서 가장 참담한 순간과 매우 비극적인 결과를 묘사하는데, 그 와중에도 거기에 영광스럽게 빛나는 소망이 있다.

하나님은 흑암 같은 죄와 죽음이 세상을 잠식하게 버려 둘 뜻이 없으셨다. 의로우신 하나님은 그럴 권리가 있었으나, 우리 주님은 완벽하게 의로우실 뿐 아니라 영광스럽게 자비로우시기도 하다. 하나님은 아담과 하와를 에덴 동산 밖으로 보내면서 이 문제를 해결할 방법을 예견하셨다.

하나님은 뱀에게 "내가 너로 여자와 원수가 되게 하고 네 후손도 여자의 후손과 원수가 되게 하리니 여자의 후손은 네 머리를 상하게 할 것이요 너는 그의 발꿈치를 상하게 할 것이니라"(창 3:15)라고 말씀하셨다. 이 말은 우리가 돈의 유혹을 받을 때마다, 돈을 어리석게 사용할 때마다, 돈을 부정할 때마다, 돈을 사랑할 때마다 우리를 도우시겠다는 하나님의 약속이다.

"이 구절에 정말 그런 약속이 있다고?"라고 되묻는 사람이 있을 것이다. 그렇다. 이 구절에 우리가 돈을 합리적으로 사용할 소망의 이유가 담겨 있다. 재정 문제의 가장 심각한 원인이 외부가 아니라 우리 내부에 있다면 나는 나를 도울 수 없다. 소비 습관을 고치겠다고 새롭게 각오를 해도, 예산을 더 긴축해도, 책을 더 많이 읽어도 소용이 없다. 도움은 약간 받을지 모르나 문제의 핵심을 건드리지 않으면 재정 문제는 해결되지 않을 것이다. 문제의 핵심은 바로 우리 자신이다.

따라서 동산이 암흑에 뒤덮인 순간에 하나님은 여자에게서 '아들'이 태어나 뱀의 머리를 짓이길 것이라고 약속하신다. 수수께끼 같은 이 말은 마리아가 베들레헴에서 아들을 낳을 것인데 그 아들은 보통 아들이 아니라는 뜻이다. 그 아들은 구주가 되고, 구주는 삶과 죽음, 부활을 통해 우리 내부에 있는 죄의 힘과 외부에 있는 마귀의 힘을 단번에 무찌른다. 하나님은 아담과 하와를 심판하는 자리에서 아들이 와서 심판을 대신 받아 우리를 속량하고 창조주와 우리의 관계를 회복한다고 약속하신다. 하나님의 뜻대로 살아가는 데 필요한 돈을 비롯한 모든 것이 바로 그 회복된 관계 안에 있다.

해방과 용서, 능력, 변화, 최종적으로는 유혹과 죄에서 벗어나는 구원의 약속이 장차 태어날 마리아의 씨에 있었다. 돈뿐만 아니라 모든 문제의 해결책이 예수님의 인격과 현존, 은혜 안에 있다는 뜻이다. 우리가 하나님의 자녀라면 재정 문제에서 우리는 결코 혼자가 아니다. 예수님이 우리 안에 계시고, 우리를 위하시고, 우리 곁에 계시기 때문이다. 우리가 혼란스럽고 지치고 낙심해서 싸우지 못하는 순간에도 예수님은 우리를 대신해 싸우신다. 우리가 멀리 도망을 치는 순간에도 예수님은 우리를 대신해 싸우신다. 더 이상 싸울 필요가 없을 때까지 예수님은 우리를 대신해 싸우실 것이다.

하나님의 은혜를 받으려면 하나님께 달려가 재정 상황에 은혜가 간절히 필요하다는 것은 인정하면 된다. 우리 구주는 우리가 사는 세상에서 사셨고, 우리가 느끼는 유혹을 동일하게 느끼셨다. 그래서 구주는 우리의 문제를 보아도 놀라지 않으시고, 우리가 나약하다고 비웃지 않으시며, 우리가 도움을 구할 때 등을 돌리지 않으신다. 기만적인 부정과 나는 옳고 다른 사람은 틀렸다는 태도를 버리라. 겸손하고 정직한 자세로 구주께 맡기고 기다리라.

재정관 바로 세우기

1. 에덴 동산에서 하와는 선뜻 뱀과 말을 섞었다. 하와는 어떤 마음을 품었기에 뱀과 그렇게 대화를 나누었을까?

2. 당신은 하나님이 금지하시는 방법으로 돈을 사용하는가? 그렇다면 기도하면서 당신이 잘못된 방식에 끌리는 이유를 찾아보라. 요한일서 2장 15절, 디모데전서 6장 10절은 당신이 혹하는 죄의 실체를 무엇이라고 말하는가?

3. "하나님의 지혜보다 인간의 지혜를 더 높일 때 우리는 돈을 잘못 사용하기 시작한다." 이런 성향을 막으려면 어떻게 해야 할까?(약 3:13-18; 4:1-8)

4. 감사하지 않는 마음은 재정 문제를 어떻게 더 악화시키는가?

5. 왜 재정 문제는 부정을 일삼는 생활 방식에서 생기는가?

말씀으로 변화되는 마음

- 창세기 3장 1-24절
- 마태복음 6장 19-21절
- 요한일서 2장 15-17절

02부

'마음'을 두고 벌이는

매일의 전쟁

REDEEMING MONEY

돈,
하나님 자리를
탐하다

4장 자율과 자만의 덫

내 돈이니
오롯이
내 마음대로 쓰겠다?

존은 성공의 대명사다. 존은 어린 시절 가난하게 자라면서 어른이 되면 반드시 성공하리라 결심했다. 그는 열네 살부터 일을 시작해서 경력을 쌓았다. 오래지 않아 막중한 책임을 맡았고 그에 걸맞게 월급도 많이 받았다. 출세 가도에서 한 번도 벗어나지 않은 끝에 마침내 회사 최고경영자 자리까지 올랐다.

존의 인생은 부와 성공을 보여 주는 한 편의 드라마였다. 부촌에 있는 대궐 같은 존의 집은 잡지에도 실렸다. 누구나 가고 싶어 하는 휴양지 몇 곳에 집을 세 채나 가지고 있었다. 최고급 승용차를 몰고, 온갖 맛있는 음식을 먹었으며, 명품 옷을 입었다. 한 번도 빚을 진 적이 없고, 청구서가 밀린 적도 없고, 재정 문제로 고민한 적도 없다. 언제든지 쓸 수 있는 여윳돈이 어마어마했고, 재정적 미래는 이보다 더 안정적일 수 없었다. 그는 해박한 경제 지식으로 돈을 잘 운용했다. 투자하는 곳마다 성공해 돈을 잃어 본 적이 없다.

겉으로 보면 존의 경제생활은 흠잡을 데가 없어 보인다. 그러나 존에게는 심각한 결함과 문제가 있다. 존은 하나님이 부(돈)를 사람에게 맡기신 이유를 전혀 몰랐다. 돈에 집중하면서 돈을 철저하게 관리했지만 돈의 진정한 목적을 놓치고 있었다. 존은 성공한 것 같았지만 전혀 성공하지 못했다. 잘못된 것이 없어 보였지만 실은 잘못된 것투성이였다. 온갖 성공의 표지에도 불구하고, 존은 존경할 만한 사람이 아니라 불쌍한 사람이었다. 존은 열심히 일했고, 신중했고, 결정의 경중을 따졌으며, 돈을 허투루 쓰지 않았지만 실상 엉뚱한 방향으로 가고 있었다. 존의 잘못은 바로 돈을 사용하는 유일한 기준이 존 자신이었다는 것이다.

존은 돈을 신중하게 썼지만 기도하지 않았다. 하나님께 영광을 돌리고 두 가지 대계명(하나님 사랑과 이웃 사랑)을 지키는 경제생활은 재정 원칙과 훌륭한 투자와 현명하고 실행 가능한 예산을 세우는 지식에서 출발하지 않는다. 경제적으로 영적으로 건전한 금전관은 예수님이 산상수훈에서 우리에게 전해 주신 그 기도에서 출발한다.

존은 하나님을 믿는다고 말하겠지만 실제로 그의 신앙은 돈을 사용하는 데 거의 영향을 주지 않았다. 존은 만물의 중심이 하나님이라고 생각하면서 돈을 사용하지 않고 자율("내 돈은 내 마음대로 쓴다")과 자만("내 기준에 따라 쓴다")에 따라 사용했다. 존에게 돈은 어디까지나 '내 돈'이었다. 돈을 벌거나 쓰는 과정에서 남에게 피해를 주지 않는 한 존은 돈을 자기 것으로 여기고 원하는 대로 썼다.

나도 존을 닮은 구석이 많다. 아마도 많은 사람이 그럴 것이다. 나는 상황을 통제하는 것을 좋아한다. 내 방식대로 하는 것을 좋아한다. 계획을 세우면 어떤 방해도 받지 않고 이루어 가는 것을 좋아한다. 사람들이 내 의견에 따라 주는 것을 좋아한다. 하루하루가 내 예상대로 수월하게 지나가는 것을 좋아한다. 그런 것들을 좋아하기 때문에 그런 데 돈을 쓰고 싶은 유혹을 느낀다. 돈을 쓰면 통제가 가능하고, 또 편하게 살 수 있다. 돈을 쓰면 사람들이 나를 더 좋아한다. 돈을 쓰면 일시적인 즐거움과 안락함, 편리함을 살 수 있다.

잠시 생각해 보자. 우리는 부끄러울 정도로 한곳에 너무 많은 돈을 쓰는 것은 아닐까? 바로 나 자신에게 말이다. 나 자신에게 돈을 쓰고 나면 다른 데 쓸 돈이 부족한 것은 아닐까? 내가 아닌 다른 무언가, 다른 누군가를 위해서 사는 것은 자연스럽게 일어나지 않는다는 것을 인정하자. 나 자신을 가장 중요하게 여기는 것은 아주 자연스러운 현상이다. 그러나 하나님은 우리가 그렇게 살기를 바라지 않으신다. 하나님이 바라시는 삶이 아니므로 우리가 바라는 전인적인 삶도 될 수 없다.

하나님은 우리를, 하나님을 의지하고 하나님의 계명을 따르며 하나님 뜻에 순종하는 존재로 창조하셨다. 우리를 창조하시고, 우리의 필요를 아시고, 우리가 통제할 수 없는 것을 다스리시는 하나님께 기쁨으로 기꺼이 순종하는 것이 진정한 삶이고 진짜 자유다. 또한 나는 세상의 중심이 아니고 나만을 위해서 사는 존재가 아니다. 우리는 개인의 편리함, 즐거움, 행복, 성공만 좇는 존재가 아니다. 하나님의 계획에 따르면, 창조주의 목적과 영광에 따라 살 때에야 우리는 비로소 마음의 안식을 찾을 수 있다.

존은 성공했지만 일을 멈출 수 없었고, 투자도 소비도 멈출 수 없었다. 그가 멈출 수 없었던 것은 바라던 것을 찾을 수 없었기 때문이다. 존은 참된 만족과 기쁨, 영원한 평안을 찾을 수 없었다.

그러나 존은 아직 살아 있고 인생의 마지막 장은 여전히 백지로 남아 있다. 존은 내가 앞에서 말했던 예수님이 가르쳐 주신 기도로 구원을 받고 경제생활을 재건하기 시작했다. 존은 주기도문을 묵상하며 새로운 눈이 열렸고, 금전관이 영원히 바뀌었다.

> 또 너희는 기도할 때에 외식하는 자와 같이 하지 말라 그들은 사람에게 보이려고 회당과 큰 거리 어귀에 서서 기도하기를 좋아하느니라 내가 진실로 너희에게 이르노니 그들은 자기 상을 이미 받았느니라 너는 기도할 때에 네 골방에 들어가 문을 닫고 은밀한 중에 계신 네 아버지께 기도하라 은밀한 중에 보시는 네 아버지께서 갚으시리라 또 기도할 때에 이방인과 같이 중언부언하지 말라 그들은 말을 많이 하여야 들으실 줄 생각하느니라 그러므로 그들을 본받지 말라 구하기 전에 너희에게 있어야 할 것을 하나님 너희 아버지께서 아시느니라 그러므로 너희는 이렇게 기도하라 하늘에 계신 우리 아버지여 이름이 거룩히 여김을 받으시오며 나라가 임하시오며 뜻이

> 하늘에서 이루어진 것같이 땅에서도 이루어지이다 오늘 우리에게 일용할 양식을 주시옵고 우리가 우리에게 죄지은 자를 사하여 준 것같이 우리 죄를 사하여 주시옵고 우리를 시험에 들게 하지 마시옵고 다만 악에서 구하시옵소서 나라와 권세와 영광이 아버지께 영원히 있사옵나이다(마 6:5-13).

주기도문이 합리적인 경제생활과 무슨 상관이 있는지 궁금할 것이다. 주기도문은 내 결핍부터 채우는 기도가 아니다. 우리는 대부분 하나님께 받고 싶은 것을 적은 긴 목록을 손에 들고 기도한다. 주기도문은 순종의 자세에서 나온다. 그래서 우리가 맡은 돈의 개념과 사용에 매우 유익하다. 합리적인 경제생활은 순종에서 출발한다. 나를 나에게서 구원하는 순종, 하나님께 받은 것을 하나님 뜻대로 사용할 수 있는 자유를 주는 순종에서 나온다.

이제 주기도문의 첫머리에 초점을 맞추어 합리적인 경제생활의 비결을 알아보자. 그 첫머리가 주기도문의 태도와 방향을 결정한다.

예수님 식
재물 사용법

돈의 정체성

“하늘에 계신 우리 아버지여.” 앞에서 말했듯이 모든 사람은 자신에게 정체성을 부여한다. 아이들은 어릴 적부터 정체성을 생각하고, 정체성은 사람과 사물을 대하는 태도와 인생관을 결정한다.

그리스도께서 우리를 입양하시면 우리는 용서의 복을 받고 미래가 확실해질 뿐 아니라 새로운 정체성을 받는다. 우리는 ‘이미’와 ‘아직’ 사이의 세상에서 하나님의 자녀가 되는 복을 받았다. 그리스도 예수의 복음은 우리에게 하나님을 소개하고 하나님이 우리를 어떻게 대하시는지 말해 줄 뿐 아니라, 우리에 관한 모든 것을 재정의하기도 한다. 우리의 새로운 정체성에는 새로운 공급과 잠재력도 같이 따라온다.

마태복음 6장 31-32절에서 예수님은 우리가 이제 하나님의 자녀이기 때문에 보통 사람들처럼 먹고사는 걱정을 할 필요가 없다고 말씀하신다. 만물의 주인으로서 만물을 다스리는 지혜와 사랑의 하늘 아버지가 우리 아버지이기 때문에 우리는 하나님의 공급하심을 믿고 안심할 수 있다. 우리는 이제 먹고사는 일에 시간과 에너지와 재물을 쓰게 만드는 결핍의 공포에서 풀려났다.

안타깝게도 이런 경제관념을 가지고 있는 하나님의 자녀가 많지 않다. 그들은 자기가 버는 돈은 자기가 쓰는 것으로 생각하고, 십일조는 세금처럼 납부한 뒤 혹시 돈이 남으면 헌금을 낸다. 그런데 하나님은 자녀들에게, 부름받은 존재가 되고 부름받은 일을 하는 데 필요한 모든 것을 공급하시겠노라 약속하신다.

로마서 8장 31-32절에서 바울은 십자가가 하나님의 성실하신 공급을 보장한다고 말한다. 예수님은 정확한 시기에 이 땅에 오셔서 우리가 온전히 따라하지 못할 더없이 온전한 삶을 사셨고, 죽어 마땅한 우리를 대신해 죽은 후 다시 살아나시사 죄와 죽음을 물리치셨다. 그 일을 이루시려 자연과 인간사에까지 개입하신 하나님이 우리를 굶어 죽게 내버려 두실까? 당신을 위해 아들도 아끼지 않으셨으니 하나님은 지금부터 당신을 천국에 데리고 갈 때까지 당신에게 필요한 모든 것을 공급하실 것이다.

새로운 정체성에는 새로운 잠재력이 따른다. 모든 사람은 항상 잠재력을 결정하고 가늠한다. 아기는 거실을 아장아장 가로지를 잠재력을 가늠하고, 청소년은 학교에서 공부하고 친구를 사귈 잠재력을 가늠하고, 사회 초년생은 직장에서 일할 잠재력을 가늠한다.

새로운 정체성은 돈의 목적에 새로운 의미를 부여할 뿐 아니라 내면을 바꾸기도 한다. 우리는 하나님의 자녀로서 하나님의 진리에 눈을 뜨고 마음은 새로운 욕구로 차오른다. 우리 마음은 이제 내 결핍과 내 필요, 내 꿈으로 지은 작은 왕국 너머 더 큰 무언가를 향해 열려 있고, 우리 눈은 하나님 나라의 원대한 목적을 바라본다. 우리는 내 필요보다 더 크고 영원한 목적에 돈을 자유롭게 투자한다. 합리적인 경제생활은 하늘에 계신 아버지를 알고 아버지의 지혜로운 계획에 순종하는 것으로 시작한다.

돈의 목적

"이름이 거룩히 여김을 받으시오며." 이 네 마디는 단순히 하나님의 이름이 널리 존경받기를 바란다는 기도가 아니라, 그렇게 되도록 내 시간과 힘, 돈을 쓰겠다는 약속이다. 따라서 이 네 마디 기도는 내 돈과 사용처에 대한 하나님의 목적과 뜻을 이해할 수 있게 구체적이고 실용적인 도움을 준다. 우리는 늘 누군가의 명의로 돈을 저축하거나 소비하거나 혹은 투자를 한다. 우리는 내 이름을 위해 돈을 쓰거나 하나님의 이름을 위해 돈을 쓴다. 너무 단순하게 들리겠지만 그건 돈이 많든 적든 사실이다.

가지고 싶은 어떤 물건을 살 때는 그 물건을 사는 게 아니라 이미지를 사는 것이다. 우리는 멋진 사람이 되려고 멋진 옷을 사서 입는다. 우리가 어떤 차를 좋아하는 것은 그 차의 이미지 때문이다. 우리가 어떤 동네에서 살고 싶어 하는 것은 그 동네의 좋은 이미지 때문이다. 우리는 아름다운 휴양지에 조용히 다녀오는 대신 우리가 거기에 있었다는 것을 보여 주는 사진을 만천하에 공개한다. 우리가 비싼 물건을 사는 것은 내가 부자라고 생각해서이고 다른 사람들도 나를 부자라고 생각하기를 바라기 때문이다. 우리는 생각하는 것 이상으로 '이미지 때문에' 돈을 많이 쓴다.

안타깝게도 우리는 지갑에 든 하나님의 것을 탐하고, 그분의 영광을 훔치는 도둑질을 일삼는다. 성공했다는 이미지를 전시해서 사람들의 존경과 인정을 받고 싶어 한다. 다른 사람들의 시선을 즐기고, 사람들이 내 업적을 부러워하기를 바란다. 내 영광을 추구하는 데 생각하는 것보다 더 많이 돈을 쓴다. 하나님이 우리의 공급자이시고, 우리의 성공은 사실 하나님의 역사하심으로 가능했음에도 하나님의 영광을 가로채고 내 힘으로 성공했다고 주장한다. 그래서 우리는 필요 이상으로 넓은 집을 사고, 다 입을 수 없을 만큼 옷을 많이 사고, 과식과 폭식을 일삼으며, 사치스러운 물건에 욕심을 내느라 도저히 갚을 수 없는 빚을 떠안는다.

물론 가족이 살 집에 투자하거나 아이들을 잘 먹이거나 사랑하는 사람들과 좋은 곳에 가서 일주일을 잘 쉬는 것은 잘못이 아니다. 하나님은 그런 일을 기뻐하신다. 다만 우리가 자기 영광을 드러내는 일에 돈을 쓰지 않는지 살펴보자는 것이다. 최선을 다해 진심으로 하나님의 이름을 높이는 데 내 돈을 쓰겠다는 경제관념과 비교해 보자는 것이다. 하나님의 영광에 만족하기로 결심할 때 내 마음은 비로소 만족을 느끼고, 비싼 물건을 더 사야 만족을 느낄 수 있다고 착각해 빚을 지게 만드는 탐욕의 폭군에서 풀려난다. 행복을 느끼려고 돈을 쓰지만 그 행복은 영원하지 않다. 빚이 늘어날 뿐이고 결국 마음과 영혼은 지독한 압박에 시달린다.

"이름이 거룩히 여김을 받으시오며"라는 기도는 우리보다 한없이 높으신 하나님을 위한 일에, 하나님을 예배하는 일에 돈을 투자하라는 부름이다. 그렇게 한다면 우리의 경제관념은 어떻게 바뀌겠는가? 이 네 마디 기도는 우리의 돈에 절제와 관리보다 더 위대한 목적을 불어넣는다. 합리적인 경제관념은 당신보다 더 높은 하나님의 영광을 위해 돈을 사용하는 것이다.

돈의 용도

"나라가 임하시오며 뜻이 하늘에서 이루어진 것같이 땅에서도 이루어지이다." '이미'와 '아직' 사이의 삶은, 나라들이 싸우는 대전이다. 우리가 어떤 나라를 섬기는지에 따라 자녀 양육의 방향이 결정된다. 우리가 어떤 나라에 희망을 거느냐에 따라 기쁨과 실망이 결정된다. 우리가 섬기는 나라에 따라 결혼 생활이 달라진다. 이웃과의 인간관계도 나라의 영향을 받고, 재정도 나라를 위해서 평가하고, 쓰고, 투자한다.

우리가 선택할 수 있는 나라는 두 나라뿐이다. 우리가 모든 선택과 결정과 행동에서 진심으로 충성을 바치는 나라는 '자아의 나라' 아니면 '하나님 나라'다. 물론 늘 의식적으로 또는 의도적으로 그렇게 한다는 말은 아니다. 다만 우리가 무엇을 하든지 하나님의 목적을 이루거나 자아의 욕망을 채운다는 뜻이다. 그리스도는 마태복음 6장 19-33절에서 두 나라가 충돌하는 모습을 효과적으로 대조한다.

예수님은 우리가 바로 지금 여기서 자아의 나라의 쾌락을 추구하면 현세의 물질적인 보물에 시간과 힘, 돈을 쓴다고 말씀하신다. 사람과 장소, 물건 등 땅의 보물로 욕망을 채운다는 말이다. 자아의 나라가 속삭이는 거짓말의 핵심은, 자아의 욕망을 채우면 생명을 얻을 수 있다는 것이다. 이 거짓말은 구원이 물질에 있다는 다른 거짓말로 이어진다.

이런 망상은 내가 인생의 주인공이고, 나를 위해서 살아야 한다는 생각에서 나온다. 우리는 원하는 것, 원하는 이유, 원하는 방법, 원하는 시점, 주고 싶은 사람에게 집착하는 성향이 있다. 우리는 자기 편의와 쾌락만을 추구하느라 막대한 시간과 힘을 투자한다. 무언가 하나 더 사면 만족할 수 있다고 계속 생각하지만 만족하기는커녕 다시 다른 물건에 눈길이 간다.

항상 원했던 차를 사도 잠깐 만족할 뿐이다. 어느새 우리는 더 좋아 보이는 차에 눈독을 들인다. 자자손손 물려줄 집이라고 결심하고 산 집은 더 이상 특별해 보이지 않고, 이웃의 다른 집들에 눈을 돌린다. 구원을 약속해 놓고 구원해 주지 않는 물건들이 쌓이면 우리는 창고를 임대해서 쓰다 버린 물건들을 보관한다. 안타깝게도 우리는 엉뚱한 곳에서 생명을 찾느라 돈을 너무 많이 허비한다.

그래서 "나라가 임하시오며 뜻이 하늘에서 이루어진 것같이 땅에서도 이루어지이다"라는 예수님의 주기도문을 꼭 새겨들어야 하고 그대로 기도하면서 살아야 한다. 그 기도는 자아의 나라보다 하나님 나라를 더 사랑하게 해 달라는 간청이며, 그 간청에는 합리적인 경제관념과 지혜롭고 실용적인 소비 생활을 소망하는 마음이 있다.

하나님 나라를 몹시 사랑해서 우리의 시간과 힘, 돈을 투자하고 싶다면 우리의 경제생활은 어떻게 변할까? 하나님 나라에 집중하면 경솔하고 이기적인 소비 생활은 얼마나 줄어들까? 우리는 "뜻이 하늘에서 이루어진 것같이 바로 지금 여기 우리의 경제생활에서도 이루어지이다"라고 기도할 수 있는가? 하나님 나라를 생각하면서 예산을 세운다면 예산 항목은 어떻게 변할까? 하나님 나라를 생각하면서 기부한다면 얼마나 더 많이 기부할까?

지금 있는 그 많은 물건은 하나님 나라를 생각하면서 산 것인가? 충동적으로 구매한 그 물건은 하나님이 중요하다고 하셔서 영원한 가치를 생각해서 산 것인가? 자동차 할부금이 너무 많지 않은가? 주택담보대출이 너무 과하지 않은가? 하나님 나라에 대한 충성이라는 문제는 우리의 경제관념을 어떻게 바꾸라고 말하는가? 하나님을 높이는 합리적인 경제관념은 자아의 나라를 무너뜨리고 하나님 나라의 더 원대한 목적과 영원한 목표에 따를 때에만 가능하다.

새로운

경제생활

"오늘 우리에게 일용할 양식을 주시옵고." 이 부분은 주기도문의 첫 부분을 진심으로 순종한 뒤에야 정직하게 기도할 수 있다. 이 기도는 만족하는 마음을 구하는 간청이다. 이 기도는 공급을 약속하신 아버지를 믿을 힘을 달라는 간구다. 이 기도는 불평 대신 찬양으로 가득한 마음을 바라는 갈망이다. 이 기도는 한없는 욕심에서 풀려나는 자유를 구하는 외침이다. 이 기도는 구원과 능력의 은혜를 구하는 외침이다.

유감스럽게도 이 기도를 하는 사람은 많아도 하나님의 응답에 만족하는 사람은 드물다. 우리는 대부분 일용할 양식보다 더 많이 바라며 훨씬 더 많이 쌓아 둔다. 솔직히 자기 바람이나 요구, 욕심을 채우지 못해도 "하나님, 기본적인 것만 주시면 아주 감사하겠습니다"라고 기도할 수 있는 사람이 얼마나 될까? 우리는 무엇을 얼마나 받아야 만족할까? 사실 우리가 필요하다고 생각하는 것은 대부분 불필요한 것이 아닐까? 전혀 불필요한데도 필요하다고 생각하는 것이 아주 많지 않을까?

이 기도는 필요를 채워 달라는 요청일 뿐 아니라 아버지가 주신 것에 충분히 만족하여 하나님의 영원한 나라의 더 중요한 일에 내 지갑을 열어 기꺼이 투자하는 마음을 달라는 외침이기도 하다. 우리가 욕심을 버리고 우리의 쓸 것을 우리 주님이 신실하게 공급하신다는 것을 믿으면 부채와 재정 스트레스는 대부분 사라질 것이다. 만족하는 마음은 하나님을 높이는 합리적인 경제관념을 오래 유지하는 데 반드시 필요하다.

고백하건대 이번 장은 쓰기 힘들었고 쓰면서 많이 뉘우쳤다. 주기도문에서 만족하는 마음으로 돈을 바르게 사용하는 모범을 찾아서 기쁘기도 했고, 나 역시 씀씀이가 올바르지 못한 부분이 많아서 슬프기도 했다. 물론 나는 하나님께서 주신 복을 남들에게 베풀면서 살았다. 당연히 빚도 많지 않다. 사실 나는 신용카드도 가지고 다니지 않는다.

그러나 내 마음은 여전히 생명을 찾을 수 없는 곳에서 생명을 찾는다. 여전히 불필요한 물건에 끌리고, 낭비를 하고도 그럴싸한 핑계를 댄다. 내가 여전히 이런 갈등을 느끼는 것은 자아의 나라, 그 허접한 나라에 충성하면서 살기 때문이다. 그래서 시편 51편 다윗왕의 고백과 기도로 돌아가 이번 장을 맺으려고 한다. 나는 그의 말을 내 마음에 담아서 기도한다. 같이 기도하자.

> 하나님이여 내 속에 정한 마음을 창조하시고 내 안에 정직한 영을 새롭게 하소서(시 51:10).

이렇게 기도하면서 부채는 단순히 월급의 많고 적음이나 적정한 예산의 문제가 아니라는 것을 인정한다. 부채는 마음의 문제가 돈으로 나타난 결과다. 그래서 우리는 용서와 구원과 변화의 은혜를 받아야 한다. 하나님은 자녀들 한 사람 한 사람에게 이 은혜를 주겠다고 약속하셨다. 마음이 놓이지 않는가? 멋지지 않은가? 하나님은 약속을 반드시 지키신다.

재정관 바로 세우기

1. 예수님은 하나님을 아버지로 생각하고 기도하라고 가르치신다. 내가 하나님의 자녀라는 것을 알면 돈 걱정을 하겠는가?

2. 로마서 8장 31-32절은 십자가가 하나님의 신실한 공급하심을 보장한다고 말한다. 이 구절에서 사도 바울이 두 가지 질문에 한 대답을 깊이 생각해 보라.

3. "우리는 지갑에 든 하나님의 것을 탐하고, 그분의 영광을 훔치는 도둑질을 일삼는 경향이 있다." 어떤 면에서 그런지 설명해 보라.

4. 지난 열두 달 동안 당신의 지출을 평가해 보라. 당신의 마음은 어느 나라에 충성하고 있는가? 하나님 나라와 자아의 나라 중 당신이 돈을 가장 많이 쓴 나라는 어디인가?

5. "오늘 우리에게 일용할 양식을 주시옵고"(마 6:11)라고 기도하면 당신의 경제생활은 어떻게 변하겠는가?

말씀으로 변화되는 마음

- 마태복음 6장 5-13, 25-34절
- 시편 51편 10절

5장 강력한 영향력, 복이거나 독이거나

돈이면
다 된다?

돈은 중요하다. 아무도 피할 수 없는 문제다. 돈에 관해 생각하고 걱정하고 자주 이야기한다고 해서 영적이지 않다고 말할 수 없다. 돈을 어떻게 생각하느냐는 인생에 막대한 영향을 주며, 우리는 어떤 식으로든 어떻게든 필연적으로 돈 문제를 고민한다. 돈은 큰 문제지만 돈에 미친 것 같은 이 세상에서는 훨씬 더 큰 문제다.

또한 예수님이 자주 언급하신 중요한 주제였다. 일부 목사들은 돈 문제를 아예 언급하지 않거나 소극적으로 말하지만 예수님은 항상 돈에 관해 말씀하셨다. 천국보다 지옥보다 돈 이야기를 더 많이 하셨다. 복음서에는 예수님의 비유가 서른아홉 개 있는데 돈에 관한 비유가 열한 개다. 누가복음은 페이지를 넘길 때마다 거의 돈에 관한 대화가 등장한다.

돈은 예수님 사역에서뿐 아니라 성경 전체에서 나타나는 중요한 주제다. 성경에서 돈에 관한 논의는 돈의 위험과 돈의 축복 두 가지 범주로 분류할 수 있다. 우선 돈의 위험을 강하게 경고하는 구절들을 읽어 보자.

돈을 사랑함이 일만 악의 뿌리가 되나니 이것을 탐내는 자들은 미혹을 받아 믿음에서 떠나 많은 근심으로써 자기를 찔렀도다(딤전 6:10).

너희 보물 있는 곳에는 너희 마음도 있으리라(눅 12:34).

포악을 의지하지 말며 탈취한 것으로 허망하여지지 말며 재물이 늘어도 거기에 마음을 두지 말지어다(시 62:10).

은을 사랑하는 자는 은으로 만족하지 못하고 풍요를 사랑하는 자는 소득으로 만족하지 아니하나니 이것도 헛되도다(전 5:10).

부하려 하는 자들은 시험과 올무와 여러 가지 어리석고 해로운 욕심에 떨어지나니 곧 사람으로 파멸과 멸망에 빠지게 하는 것이라(딤전 6:9).

적은 소득이 공의를 겸하면 많은 소득이 불의를 겸한 것보다 나으니라(잠 16:8).

돈을 사랑하지 말고 있는 바를 족한 줄로 알라 그가 친히 말씀하시기를 내가 결코 너희를 버리지 아니하고 너희를 떠나지 아니하리라 하셨느니라(히 13:5).

부자 되기에 애쓰지 말고 네 사사로운 지혜를 버릴지어다(잠 23:4).

충성된 자는 복이 많아도 속히 부하고자 하는 자는 형벌을 면하지 못하리라(잠 28:20).

성경은 돈이 축복이 될 수 있다고도 한다. 성경에서 강조하는 것은 돈으로 할 수 있는 선한 일과 돈에서 나타나는 마음의 실상이다.

부자의 재물은 그의 견고한 성이요 가난한 자의 궁핍은 그의 멸망이니라(잠 10:15).

너는 반드시 그에게 줄 것이요, 줄 때에는 아끼는 마음을 품지 말 것이니라 이로 말미암아 네 하나님 여호와께서 네가 하는 모든 일과 네 손이 닿는 모든 일에 네게 복을 주시리라(신 15:10).

네 재물과 네 소산물의 처음 익은 열매로 여호와를 공경하라 그리하면 네 창고가 가득히 차고 네 포도즙 틀에 새 포도즙이 넘치리라(잠 3:9-10).

주는 것이 받는 것보다 복이 있다(행 20:35).

부자는 가난한 자를 주관하고 빚진 자는 채주의 종이 되느니라(잠 22:7).

지극히 작은 것에 충성된 자는 큰 것에도 충성되고 지극히 작은 것에 불의한 자는 큰 것에도 불의하니라 너희가 만일 불의한 재물에도 충성하지 아니하면 누가 참된 것으로 너희에게 맡기겠느냐(눅 16:10-11).

너희 중에 싸움이 어디로부터 다툼이 어디로부터 나느냐 너희 지체 중에서 싸우는 정욕으로부터 나는 것이 아니냐 너희는 욕심을 내어도 얻지 못하여 살인하며 시기하여도 능히 취하지 못하므로 다투고 싸우는도다 너희가 얻지 못함은 구하지 아니하기 때문이요 구하여도 받지 못함은 정욕으로 쓰려고 잘못 구하기 때문이라(약 4:1-3).

돈은 힘이 세다. 한편으로는 우리를 위험에 빠뜨리기도 하지만, 다른 한편으로는 우리 마음의 필요를 밝히고 다른 사람들을 축복하는 힘으로 하나님이 쓰기도 하신다. 우리는 어떤 면에서 돈과 상호 작용하고, 그 상호 작용은 인생의 방향을 결정한다.

돈 문제에서 성경의 입장은 분명하다. 돈은 우리에게 축복이 되든지 저주가 된다. 은혜의 하나님이 친히 쓰시는 도구가 되든지 위험하고 나쁜 일에 이르는 길이 된다. 돈에는 동전의 양면처럼 두 가지 영적인 면이 있다. 그 두 가지 영적인 면은 각각 우리를 부르고, 또한 각각 미래를 약속한다. 각각 돈을 투자하라고 말할 뿐 아니라 마음을 바쳐 충성하라고 말한다. 돈의 양면 사이에서 일어나는 전투는 모든 사람의 마음에서 일어난다.

어떤 돈은 위험이다. 어떤 돈은 축복이다. 당신의 돈은 무엇이 될 것인가? 실력의 진가가 드러나는 일상의 현장에서 그 질문에 대한 우리의 대답은 한 번으로 끝나지 않는다. 거짓 약속과 거짓 진리가 날마다 우리 앞에 나타나 수중에 있는 돈으로 이것을 하라, 저것을 하라고 지시한다. 우리는 거기에 날마다 대답하고 또 대답해야 한다.

우리 주님은 이 문제를 자주 말씀하셨다. 돈의 힘과 중요성을 잘 알기 때문이다. 주님은 우리 마음에서 일어나는 전투의 의의를 잘 아신다. 우리가 유혹에 약하다는 것을 아신다. 우리가 돈을 보면 얼마나 빨리 흔들리는지, 돈에 얼마나 쉽게 마음의 사랑을 빼앗기는지 아신다. 그러니 주님이 하시는 말씀은 우리가 귀 기울여 들어야 할 꼭 필요한 말씀이다.

그래서 우리는 돈이 많든지 적든지 늘 위기의 길을 걷거나 혹은 축복의 길을 걷는다. 우리가 걷는 길은 인생의 중요한 문제들을 결정한다. 올바른 신학과 성경 지식만으로는 축복의 길을 걸을 수 없다. 그 길을 걸으려면 강력한 구원의 은혜가 필요하다. 재정의 영역에서 우리 마음은 오직 하나님의 놀라운 은혜로 구원과 보호를 받아야 만족을 누린다. 나는 그 사실을 바탕으로 이 글을 쓰면서 돈의 위험과 축복을 검토하려고 한다.

우리 마음에서 돈 문제를 일으키는 요소는 네 가지다. 이 네 가지 요소는 절대 하면 안 되는 일을 하게 만든다. 곧 돈을 사랑하게 만든다(돈을 사랑한다는 게 어떤 뜻인지, 돈을 사랑하면 어떻게 되는지는 다음 장에서 설명하겠다). 무엇이 우리 마음을 느슨하게 만들고 돈 문제를 일으킬까?

첫째는 '은혜를 모르는 마음'이다. 감사하는 마음은 평안하다. 감사하는 사람은 자기가 소유하고 누리는 것을 받을 자격이 없다는 것을 잘 안다. 그래서 날마다 받은 복을 헤아리고 당연하게 여겼을 법한 작은 일에도 감격한다. 은혜를 입고 나서 잊어버린 사람은 정반대다. 그는 자기가 더 나은 대접을 받아야 한다고 생각한다. 그래서 은혜로 받은 것보다 아직 가지지 못한 것을 늘 생각하며, 마치 맡긴 물건을 찾는 것처럼 항상 요구한다. 만족할 줄 모르기 때문에 돈을 낭비하고 이기적으로 쓰는 것을 쉽게 정당화한다.

두 번째 요소는 '필요'다. 필요는 인간 문화에서 가장 남용하는 허술한 단어다. 우리가 필요하다고 생각하는 것은 사실 대부분 불필요하다. 우리는 아주 능숙하게 욕심을 필요로 둔갑시킨다. 필요한 것을 가지는 것은 당연하다. 당연한 일이니까 당연히 해야 한다. 그래서 우리는 돈을 낭비하면서도, 필요하지도 않는 필요를 충족하면서도 양심의 가책을 받지 않는다. 옷장에는 다 입을 수 없는 옷이 가득하고 냉장고에는 다 먹을 수 없는 음식이 가득하고, 쓰지 않는 빈 방이 여럿 있는 큰 집에 살면서도 우리는 여전히 부족하다고 생각한다. 부족함이 느껴지니 다시 돈을 쓴다.

우리 마음을 무너뜨려서 돈을 사랑하게 만드는 세 번째 요소는 '불만족'이다. 분에 넘치게 받아도 감사하지 않고 불필요한 여러 물건을 필요하다고 잘못 판단하기 때문에 늘 불만족스러운 사람이 된다. 가지고 있는 것에 만족하기란 거의 불가능하기 때문에 항상 더 욕심을 부린다. 그리고 항상 욕심을 부리기 때문에 만족감을 느끼려고 과소비를 하지만, 그 불만족은 애초에 은혜를 잊은 마음과 욕심이 부른 필요에서 나오기 때문에 과소비로는 문제를 해결하지 못한다. 결국 밑 빠진 독에 물을 붓는 격으로 자기 능력 이상으로 소비한다. 만족은 돈 문제도 소유 문제도 장소 문제도 아니다. 마음의 문제이므로 소비로는 해결할 수 없다.

돈을 잘못 쓰게 하는 마지막 요소는 '질투심'이다. 우리가 은혜를 잊어버린 채 한없이 욕심을 부리고 수중에 없는 특별한 것들만 갈망하여 몹시 불만족스럽다면, 울타리 너머를 보면서 내가 원하는 것을 가지고 있는 사람을 질투하고 있을 것이 분명하다. 질투하는 사람은 늘 마음에 담아 둔다. 질투하는 사람은 끊임없이 비교해 '나는 없는데 남에게 있는 물건' 목록에 무언가를 적는다.

질투하는 사람은 어김없이 부당한 대접을 받는다는 느낌을 받기 때문에 보상 심리로 돈을 쓴다. 질투심은 어리석고 이기적인 일에 돈을 쓰게 만든다.

우리는 받은 은혜를 잊고, 필요와 불만족과 질투심 때문에 돈 생각을 너무 많이 하며, 너무 나만을 위해 돈을 쓰고, 그렇게 낭비를 일삼는다. 그렇게 하다가는 돈이 얼마나 있든지 평생 "돈, 돈, 돈" 하면서 살 것이다. 돈이 너무 없거나 너무 많아서 재정 문제가 생기는 게 아니다. 재정 문제는 항상 마음의 문제다. 월급의 액수와 예산 항목 차원의 문제가 아니다.

돈은 축복이 되기도 하고 저주가 되기도 한다. 돈의 양면을 더 자세히 살펴보자.

돈은
축복이다

선하신 하나님을
보여 주는 창

야고보가 아주 잘 말했다. "온갖 좋은 은사와 온전한 선물이 다 위로부터 빛들의 아버지께로부터 내려오나니 그는 변함도 없으시고 회전하는 그림자도 없으시니라"(약 1:17).

우리가 경험하는 이기적이고 물질적인 문화가 이 말씀을 입증한다. 날마다 생활비가 충분하다면 그 돈을 버는 데 필요한 모든 환경과 장소, 인간관계를 다 우리 스스로 통제했을 리가 없다. 혹자는 "그러나 내 힘으로 취직해서 매일 열심히 일했다"라고 말할 것이다. 그렇지만 취직할 수 있게 해 준 천부적인 재능은 그가 만든 것이 아닐 테고, 경제 호황을 일으켜 일자리를 만든 것도 그가 아닐뿐더러, 그가 그를 고용한 사람의 의사결정에 관여했을 리는 더더욱 없다.

우리에게 생긴 좋은 일은 전부 우리를 사랑하여 세세한 일을 다스리고 우리가 스스로 성취하거나 취득하거나 받을 자격이 없는 복을 허락하시는 하나님의 선물이다. 돈도 은혜의 하나님을 증명할 수 있다. 다정하고 신실한 그 은혜는 최악의 날을 최선의 날로 바꾼다. 돈은 선하고 신실하신 하나님을 가리키는 화살표 역할을 한다.

돈이 부족한 상황이 닥치더라도 우리보다 크신 하나님을 의지할 수 있고, 혼자서 그런 상황을 감당하지 않아서 감사할 수 있다.

내 마음을 지배하는 것을 보여 주는 창

뜻밖에 공돈이 생기면 가장 먼저 하고 싶은 일이 있는가? 아내와 나는 사역 초기에 작은 교회에서 받는 적은 월급으로 두 아이를 기르며 간신히 살았다. 그 시절에 나는 자주 질투심을 느껴서 괴로웠고, 대체 하나님은 어디서 무엇을 하시는지 궁금했다.

어느 날 오후 우편함을 열어 보니 아무 이름이 적히지 않은 봉투에 100달러짜리 수표가 들어 있었다. 수표가 봉투에서 완전히 나오지도 않았는데 나는 벌써 그 돈을 머릿속에서 일곱 번도 더 썼다. 나는 아내에게 달려가서 수표를 자랑했다. 100만 달러를 손에 넣은 기분이었다. 아내는 수표를 잠시 보더니 말했다. "여보, 우리는 잘 지내고 있고 이런 돈이 생길 줄 몰랐잖아요. 우리보다 어려운 사람한테 주어요."

나는 내 귀를 의심했다. 나는 목돈이 생겨서 즐거운데 아내는 정상이 아닌 것 같았다. 나는 끝까지 수표를 빼앗기지 않으려고 손가락에 힘을 꽉 주었으나 결국 그 수표는 내 손에서 빠져나가 우리 교회의 가난한 가족에게로 갔다.

공돈이 생기면 무엇을 살 꿈에 젖는가? 내 목적과 즐거움에 쓰는 것이 더 행복한가, 하나님의 목적과 하나님 나라 일에 쓰는 것이 더 행복한가? 남에게 주는 것보다 내가 쓰는 것이 훨씬 더 쉽지 않은가? 나한테 없는 물건을 이웃이 가지고 있는 것을 보면 질투를 느끼지 않는가? 부자가 되면 베풀고 살겠다고 장담하면서 지금 과소비를 하지 않는가? 통장 잔고에 따라 든든함의 무게도 변하지 않는가? 넉넉하게 누리면서도 불쌍한 사람을 무정하게 대하지 않는가? 당장이라도 기꺼이 선뜻 베풀 수 있는가? 불필요한 물건을 사려고 쓸데없이 쇼핑을 하지 않는가? 돈이 없는 상황에서도 기꺼이 베풀 수 있는가?

돈은 우리가 중요하게 생각하는 것이 무엇인지 정확하게 보여 준다. 현세에서는 하나님이 중요하게 생각하시는 것을 나도 중요하게 생각하기가 어렵다는 사실을 돈이 보여 준다. 인간의 마음은 사물의 중요성을 과대평가하는 위험한 성향이 있다. 그러면 우리의 생각과 욕구, 충성은 과대평가한 사물의 지배를 받는다. 자신의 욕구와 돈의 용도를 겸손히 직시하면 자기 마음의 주도권을 차지하려고 싸우는 것이 무엇인지 볼 수 있다.

타락한 세상의 위험을
보여 주는 창

돈은 자주 위험에 이르는 길이 된다. 이 타락한 세상에서 "무언가를 소유하거나 경험하면 어떻게든 만족을 느낄 수 있다"고 말하는 수많은 목소리에 귀를 기울이는 것보다 더 큰 위험도 없다. 그 무언가는 돈이 될 수 있고, 그 무언가를 경험할 수 있는 수단이 돈이 될 수 있다. 이를테면 이런 것이다. "그만큼 돈이 있으면 원이 없겠다." 또는 "진짜 _____만 있으면 여한이 없겠다"(빈칸을 채워 보라).

나는 돈으로 할 수 있는 일과 돈으로 살 수 있는 것을 보면 이 세상이 기만적이고 위험하다고 생각한다. 눈에 보이는 것이 전부가 아니다. 기만적이고 위험한 세상에서 창조주가 없어도 살 수 있다는 말보다 더 위험한 거짓말은 없다. 그런 거짓말에 넘어가서 공허한 마음과 빈 지갑으로 인생을 마감한 사람이 얼마나 많은가? 우리 마음이 돈 때문에 갈등한다는 것은 우리가 사는 세상이 여전히 위험하다는 사실을 끊임없이 환기한다. 전쟁은 아직 끝나지 않았다. 은혜의 주님이 적을 섬멸하실 때까지 우리는 기꺼이 싸워야 한다. 전쟁이 끝나면 은혜의 주님이 더 이상 위험이 없는 곳으로 우리를 안내하실 것이다.

베풂의
도구

자명한 말이지만, 돈은 다른 사람을 축복하는 아름다운 수단이 된다. 우리는 항상 자신을 돈이 쌓이는 항아리로 여기든지, 돈이 흘러가는 통로로 여긴다. 돈이 있으면 윤택하고 편하고 즐겁기 때문에 돈이 나라는 항아리에 차곡차곡 쌓이기를 바라기도 하고, 돈으로 다른 사람을 축복하고 도울 수 있는 게 기뻐서 통로 역할을 자청하기도 한다. 작은 시장에 불과한 자아의 왕국에서 청구서를 지불하는 데 돈을 쓰기도 하고, 돈을 하나님이 주신 도구로 여기고 하나님 나라의 원대한 일에 참여하기도 한다.

대부분의 사람은 자기가 돈 문제에서 변덕스럽다고 정직하게 고백할 수밖에 없을 것이다. 때로는 하나님 나라의 원대한 목적에 들떠서 기쁘게 헌금한다. 때로는 내 생각만 하고 나를 위해서만 돈을 쓰지 남을 생각하지 않는다. 하나님이 우리에게 주시는 돈은 우리만 쓰라고 주는 돈이 아니라, 누군가에게 베풀라고 주신 것이다.

더 큰 나라 일에
쓰라

앞에서 이미 말했지만 요점을 달리 해서 한 번 더 강조하고 싶다. 우리는 하나님 나라에 충성해서 돈을 쓸 수도 있고 자아의 나라에 충성해서 돈을 쓸 수도 있다. 하나님이 우리에게 돈을 주시는 것은 자아의 나라 살림에 보태라는 것이 아니라, 훨씬 더 크고 좋은 하나님 나라 일에 쓰는 은혜를 누리라는 것이다. 하나님 나라에 헌신하면 우리 돈이 영원한 결과를 낳는 일에 쓰이는 것을 볼 수 있다. 우주에서 가장 중요한 일 곧 구원에 쓰인다.

돈은
위험하다

하나님을
잊어버리게 한다

물질적인 결핍이 심하면 하나님께 도와 달라고 부르짖게 된다. 그리고 기도를 하면서 영적인 결핍이 심하다는 것도 깨닫는다. 매우 풍족한 부자 동네에 살면서 교회에 다니는 교인들은 돈이 많아서 자신에게 결핍이 있다는 생각을 하지 못한다는 말을 그 교회 목사에게 들은 적이 있다. 돈이 있으면 누구에게 신세를 질 일이 없으니 마음대로 결정할 수 있는 독립적인 삶이 가능하다는 망상에 쉽게 빠진다. 스스로 어떤 사람이든 될 수 있고, 무슨 일이든 할 수 있다고 자신한다. 돈이 있으면 나보다 중요한 사람은 없고 내 욕구와 필요, 느낌이 가장 중요하다고 생각하는 이기적인 삶을 산다.

내 말을 오해하지 않았으면 한다. 성경에는 가난한 사람이 누구보다 영적으로 더 잘 산다는 가르침은 없다. 내 말은 돈의 위험성을 알자는 것이다. 돈은 삶의 현장에서 하나님의 존재와 계획을 망각하고 살게 만드는 원인이 될 수 있다. 그런 삶은 하나님의 영광보다 자기 영광을 추구하고 개인의 욕구, 필요로 둔갑한 욕심, 개인의 안락과 쾌락에만 돈을 쓴다. 그런 사람들은 신학적으로는 하나님의 존재를 부정하지 않을지 모르나 돈을 쓰는 방식으로 하나님의 존재를 부정한다.

자아관과 인생관이

변질된다

돈은 자극제다. 하나님을 향한 삶을 자극하기도 하고, 나를 향한 삶을 자극하기도 한다. 수년 동안 '청빈한' 삶을 유지하고 만족하는 것을 내심 자랑으로 여겼던 내 친구는 어느 날 돈이 생기자 흔들렸다고 말했다. 그는 갑자기 고급차를 가지고 싶었다. 명품 옷에 끌리고 더 좋은 식당에서 밥을 먹고 싶었다. 그는 "내가 영적인 이유로 청빈하게 산 게 아니라는 걸 알게 되니까 정말 부끄럽더라. 나는 그냥 가난해서 청빈하게 살았던 거야"라고 말했다.

돈이 생기면 이기적이고 까다롭게 변한다. 지금껏 만족스러웠던 삶이 더 이상 만족스럽지 않다. 더 큰 위험은, 바라서는 안 될 일을 바라고 분수에 맞지 않는 것을 당연하게 여긴다는 것이다. 돈은 자아관과 인생관의 근간을 흔들고 실망할 수밖에 없는 기대를 부추긴다.

사람을
경멸하게 한다

무슨 일이 벌어지는지 아주 분명해서 몹시 슬픈 일이었다. 부잣집 청소년들이 길을 지나가려는 노숙자를 둘러싸고는 놀리고 있었다. 그 아이들과 노숙자의 차이가 무엇일까? 근본적으로는 아무런 차이가 없다. 아이들과 노숙자는 둘 다 하나님의 형상을 닮은 피조물이고, 하나님의 영광을 드러낼 존재였다. 동시에 그들은 모두 구원이 절실히 필요한 죄인이었다. 노숙자도 부잣집 아이들도 현재 자신의 신분을 스스로 얻은 것이 아니었다. 노숙자도 그 아이들도 하나님 앞에서 무엇을 요구할 자격이 없었다. 그러나 아이들은 노숙자와 동질감을 느끼지 않았다. 그들은 자신들의 신분이 더 높다고 생각하고 노숙자를 비인간적으로 대했다.

어린 청소년들이 대체 어떻게 그런 생각을 할 수 있고, 사람을 어떻게 그리 대할 수 있었을까? 여러 가지 대답이 가능하겠지만 여기서 다 다룰 수는 없고, 여러 원인의 원인이 될 만한 한 가지를 꼽자면 돈 때문이다. 부촌에 사는 고등학생들에게 노숙자는 부랑자요 실패자였다. 반면에 자신들은 선민이었다.

꼴사납고 불쾌했지만 돈의 위험을 잘 보여 주는 장면이었다. 돈에 의해 자아 정체성이 바뀌면 다른 사람을 대하는 태도도 바뀐다. 돈은 모든 죄인의 마음에 숨어 있는 교만한 편견을 자극할 수 있다.

유혹과 싸우려는

결심을 약화시킨다

청빈한 삶을 말했던 내 친구는 이런 말도 했다. 그는 실제로 가난 덕분에 욕심을 부릴 수 없었다. 질투나 불만을 느낄 때는 있었지만 이기적인 마음이 상상하는 것을 마련할 돈이 없었다. 바로 그런 것 때문에 성경은 부의 위험을 경고한다. 우리는 자제할 줄 알아야 한다. 인간은 자아를 해칠 수 있는 존재다. 우리는 본능적으로 만족보다는 불만을 더 많이 느낀다. 우리는 본능적으로 위험에 끌린다. 우리는 하나님이 정하신 경계를 직관적으로 밀어낸다. 따라서 나를 나에게서 보호하는 것, 나를 억제하는 것, 욕심대로 할 수 없게 만드는 것은 무엇이든지 축복이다.

돈은 씀씀이를 조절하는 자제력을 없앤다는 점에서 위험하다. 마음의 실체가 드러나는 지점이다. 하나님의 은혜를 받아 만족할 줄 아는 마음이 있어야, 사방으로 날뛰는 욕심을 채우려 지갑을 열지 않고 절제하면서 살 수 있다. 우리는 자제해야 할 욕심을 채우느라 필요 없는 물건을 줄기차게 사들인다. 마음이 끌리는 물건을 살 수 있기 때문에 우리는 더욱 자제해야 한다.

'자아의 나라'에 충성하게 한다

이게 요점이다. 이미 많이 말했지만 특별히 더 관심을 가져야 한다. 날마다 돈을 사용하는 문제에서 중립 지대란 없다. 돈을 쓰는 것은 곧 예배 행위라는 것을 언제나 기억해야 한다. 그만큼 중요하다. 알든 모르든 우리는 자아를 예배하면서 돈을 쓰든가, 의식적으로 하나님을 예배하면서 돈을 쓴다. 우리의 돈은 제 배만 불리는 작은 자아의 나라를 건설하는 데 쓰이든가, 크고 영광스러운 영원한 하나님 나라를 세우는 데 쓰인다. 우리 모두가 받은 돈으로 개인의 욕구와 필요, 갈망을 채우고 싶은 유혹을 느끼고, 수중에 돈이 많을수록 유혹의 힘은 강해진다.

따라서 돈은 정말 중요하다. 하나님은 인생의 모양과 방향에 영향을 주는 돈이 존재하는 세상에 우리를 태어나게 하셨다. 돈은 우리에게 이롭기도 하고 한편 해롭기도 하기 때문에 돈을 얼마나 이해하고 예산을 얼마나 잘 짜느냐의 문제보다 차원이 더 깊다. 돈과 교육, 예산은 유익한가? 물론이다! 그러나 돈의 치명적인 위험이 있는 곳까지는 영향을 미치지 못한다.

내가 돈을 잘못 쓰는 것은 그 순간 하나님의 말씀과 다른 사람의 말을 무시하기 때문이다. 나는 원하는 것을 가지고 싶고, 내 돈을 써서 가질 수 있다면 돈을 쓴다. 돈이 중요한 것은 내 마음에서 가장 중요한 문제 곧 이기주의라는 악과 작용하기 때문이다. 돈이 아무리 많아도, 교육이나 예산 작성을 아무리 많이 배워도 나를 악한 마음의 탐욕에서 구원하지 못한다. 그래서 나는 한 가지만을 바랄 뿐이다. 우리 구주의 강력한 은혜.

그리스도는 내가 얼마나 이기적이고 욕심이 많은지를 아신다. 결심을 해 놓고 사흘 뒤에 흐지부지한다는 것을 아신다. 마음의 갈망을 소비로 채울 수 있다는 유혹에 내가 얼마나 약한지, 하나님을 믿는다고 말하고도 믿지 않는 것처럼 산다는 것을 아신다. 그래서 '바로 지금, 바로 여기'라는 은혜를 베푸신다. 그 은혜는 나를 용서할 뿐 아니라 돈에 집착하는 세상에서 내가 창조 목적에 맞게 살아가는 데 필요한 모든 것을 공급한다. 그 은혜의 가장 근사한 선물이 무엇인지 아는가? 바로 하나님 자신이다. 하나님은 내 안에 거하시면서 유혹과 싸워서 이길 무기를 공급하신다.

돈도 중요하지만 하나님의 은혜는 훨씬 더 중요하다. 은혜만이 돈의 위험이 사라질 때까지 우리에게 늘 필요한 힘과 자유를 공급한다.

재정관 바로 세우기

1. 돈의 위험을 경고하는 성경 본문을 살펴보자(시 62:10; 잠 16:8; 23:4; 28:20; 전 5:10; 눅 12:34; 딤전 6:9-10; 히 13:5). 어느 구절이 당신 마음에 와 닿는가? 왜 그런가?

2. 성경을 보면 돈은 큰 축복이 되기도 한다(신 15:10; 잠 3:9-10; 10:15; 22:7; 말 3:10; 눅 16:10-11; 행 20:35; 약 4:1-3). 당신은 언제 이런 복을 누렸는가?

3. 당신은 필요한 물건은 꼭 사는 사람인가? 당신이 생각하는 '필요'의 개념을 점검해 보자. 필요라기보다는 '욕심'에 가까운 것은 없는가?

4. '불만족'과 '은혜를 잊어버린 마음'은 서로 어떤 관계인가? 불만족과 은혜를 잊어버린 마음이 어떻게 돈을 무분별하게 사용하게 만드는가?

5. 돈이 어떻게 여러 가지 창의 역할을 하는지 직접 설명해 보라.

- 선한 하나님을 보여 주는 창
- 내 마음을 지배하는 것을 보여 주는 창
- 타락한 세상의 위험을 보여 주는 창

말씀으로 변화되는 마음

- 잠언 3장 9-10절; 10장 15절; 16장 8절; 22장 7절; 23장 4절; 28장 20절
- 전도서 5장 10절
- 누가복음 16장 10-13절
- 히브리서 13장 5절
- 야보고서 1장 17절; 4장 1-3절

재정 문제,
언제나
'왕권' 싸움이다

그는 밑바닥에서 꼭대기까지 올라간 입지전적인 인물이니 겉으로 보면 아주 성공한 사람이었다. 고등학교와 대학교에서는 운동선수로 이름을 날렸다. 졸업을 앞두고 부상을 입어 좌절에 빠지긴 했지만 어떤 좌절도 그를 오래 붙잡아 두지 못했다. 진로를 바꾸어 경영대학원에 진학해 두각을 드러냈다. 그는 훌륭한 기업가가 될 운명이라도 타고난 것 같았다.

사실 '훌륭하다'는 말로는 그가 초고속으로 이룬 성공을 설명하기가 부족했다. 더 빨리 승진하지 못한 유일한 이유는 나이가 너무 젊어서 회사에서 그를 책임자로 임명하기를 주저했다는 것뿐이다. 그러나 그는 이내 책임자가 되었고, 자기가 손을 대는 모든 일을 총괄했다. 그는 여러 기업을 거치면서 경력을 쌓았고 끝내 최고경영자 자리에 올랐다.

아무것도, 아무도 그를 막을 수 없었다. 헌신적으로 일하고, 누구보다 일찍 출근하고 가장 늦게 퇴근했다. 그는 모든 직원이 쉬는 주말에도 일했다. 한 달간 쓸 수 있는 휴가가 있었지만, 그것마저도 주말에 나눠서 쉬었다. 휴일이면 집에서 일했다. 어디를 가든지 일을 가지고 다녔다. 그는 일만 생각하고 일만 했다.

그는 열다섯 살쯤에 '가난의 벽'에 부딪혔다고 내게 털어놓았다. 부모가 가난에 허덕이는 게 싫었고, 싸구려 옷과 맛없는 음식이 싫었다. 창피해서 친구를 집에 데리고 가지 못하는 것이 싫었다. 호주머니에 돈 한 푼 없는 나날들이 싫었다. 그는 무슨 일을 해서라도 돈을 많이 벌겠다고 결심했던 그 아침을 생생하게 기억한다. 그는 죽어도 부자가 되어서 부자들이 누리는 것을 다 누리겠다고 결심했다. 그는 지난날을 돌아보며 말했다. "나는 돈이 되는 일은 뭐든지 했습니다."

그리고 그는 마침내 성공했다. 꿈을 이루었다. 대저택, 고급 승용차, 커다란 요트를 소유했다. 빳빳한 모노그램 셔츠와 멋진 양복을 입었다. 여러 상류층 모임의 회원이 되었다. 재력과 권력을 자랑했다. 그는 그리스도인이지만 말하지 않으면 아무도 그런 줄 몰랐다. 그의 신앙은 일에 몰두하는 바쁜 생활의 언저리로 멀리 밀려났다. 그가 시간과 힘을 결정하고 투자하는 모습을 보면 신앙은 장식품에 불과했다. 그는 전력을 다해서 원하는 것을 얻어 내고 소유하고 지키고 누렸다. 그의 가치관은 올바르지 않았다.

당신은 이미 짐작했을 것이다. 그는 성공하여 부자가 된 게 아니라 사실 엉망이 되었다. 결혼 생활은 무거운 야망과 방치의 무게에 짓눌려 파탄이 났다. 부인은 남편의 정부나 다름없는 '일'과 오랫동안 경쟁하다가 깊은 상처를 입었다. 사업에서는 인내를 한없이 발휘하면서 집에서는 늘 조금도 참지 못하고 금방 짜증을 내는 남편의 모습에 질렸다. 사실상 혼자 사는 것이나 다름없는 결혼 생활은 더 이상 의미가 없었다. 아이들은 사춘기에 들어가면서 아버지와 보내는 시간이 줄었다. 그는 아이들에게 관심을 가지지 않았고 아이들을 알아 갈 시간을 전혀 내지 않았다. 아이들은 아버지에게서 멀어졌다. 집안 분위기는 날로 악화되었고, 휴일에는 갈등이 폭발하기 일쑤였다.

부인이 집을 나가고 나서야 그는 문제가 있다는 것을 알았고, 큰아들에게 전화를 걸어 상의하려고 했지만 큰아들은 "뭘 그렇게 놀라세요? 엄마는 오랫동안 아빠를 미워했어요. 나도 아빠가 미워요"라고 말하고는 전화를 끊어 버렸다. 그는 나름의 가치의 씨앗을 뿌린 대로 거두고 있었다. 당신과 나도 그럴 것이다.

~을 가질 수만 있다면!

정곡을 찌르는 매우 유익한 가르침을 기록한 마태복음 6장 19-33절에서 예수님은 우리를 보물 사냥꾼이라 칭하신다. 우리는 중요하게 생각하는 보물을 손에 넣으려고 살아간다. 우리는 모두 소중한 꿈을 좇아 신중하게 선택하고 행동한다. 어떤 것은 중요하게 여기는 반면 어떤 것은 하찮게 여긴다. 어떤 것은 반드시 가지고 싶어 한다. 이미 손에 넣어서 보관하는 보물도 있고 아직 손에 넣지 못한 보물도 있다. 우리는 보물에 자석처럼 끌리고, 보물을 얻으려고 선택하고 결정하고 행동한다.

우리는 보물을 가질 수만 있다면 행복과 만족을 느끼고 마침내 모든 사람이 갈망하는 마음의 평화를 이룰 수 있다고 생각하지만 자신이 그런 생각을 한다는 것조차 모른다. 우리는 모두 '가질 수만 있다면'이라는 욕망의 삶을 산다. 사실이다. 가지고 싶다고 욕망하는 대상이 바로 나의 보물이다. 당신의 보물은 무엇인가? 그 보물은 당신의 인생관, 자아관, 인간관계, 신관, 생활의 대소사의 결정에 어떤 영향을 끼치는가? 요컨대 당신은 무엇을 위해 사는가? 당신이 믿는다고 말하는 것이 무엇이든, 당신이 섬긴다고 말하는 것이 무엇이든, 이 질문에 내놓은 대답이 당신의 실질적인 보물이다.

그러나 그리스도는 거기서 대화를 멈추지 않으신다. 그리스도는 우리의 눈에 대해 말씀하신다. 처음에는 뚱딴지같은 말처럼 보이지만 밀접한 관련이 있다. 본다는 말에서 눈이 연상되고, 모든 사람에게는 두 눈이 있다. 두 눈은 몹시 중요하며 시력을 잃으면 이만저만 불편한 게 아니다. 하지만 가장 중요한 시각 체계는 육안이 아니다. 우리에게는 다른 종류의 눈 곧 마음의 눈이 있는데, 이 심안이야말로 가장 중요한 시각 체계다. 육안은 보이지 않아도 살 수 있지만 심안이 보이지 않으면 제대로 살 수가 없다.

마음의 눈은 항상 무언가를 바라본다. 어떤 희망, 어떤 꿈, 중요하게 여기는 무언가를 늘 또렷이 응시한다. 육안은 심안을 따라간다. 육안은 중립적이지 않다. 육안은 심안의 지도를 받는다. 모두 한 번씩 경험해 봤을 것이다. 가령 당신은 새로운 차를 구입한다. 날마다 운전석에 앉아서 시동을 걸고 싶어 한다. 그러나 며칠이 지나면 이상한 일이 생긴다. 어디를 가든 당신이 산 차와 같은 모델의 차가 눈에 띄는 것이다. 마치 당신이 그 차를 구입한 날 같은 도시에 사는 사람들이 전부 그 차를 산 것 같다. 물론 그럴 리가 없다. 당신도 안다. 실은 꿈을 이루고 마음이 기뻐서 주변을 인식하는 관점이 달라진 것이다. 당신의 실질적인 가치관에 의해 당신의 관점이 바뀐 것이다. 그래서 도시를 달리는 그 차종의 수는 일정한데도 당신은 예전과 달리 그 차종이 눈에 보이기 시작하고 예전에 비해 그 차가 증가했다고 잘못 판단한다.

당신이 세상을 보는 눈을 바꾸는 당신의 보물 같은 꿈은 무엇인가? 당신은 어떤 물건을 자주 바라보는가? 이미 심안을 지배한 보물이 당신의 육안을 지배한다. 이미 심안이 갈망하고 있기에 당신의 두 눈을 잡아끄는 것은 무엇인가? 당신은 세상을 어떤 눈으로 보기에 불만을 느끼거나 야심에 부풀거나 질투에 사로잡히는가? 당신의 마음이 중요하게 여기기 때문에 당신의 눈을 사로잡는 것은 무엇인가? 마음의 보물은 항상 관점을 지배한다.

그리스도는 보물을 논하다가 폭탄선언을 하신다. "한 사람이 두 주인을 섬기지 못할 것이니 혹 이를 미워하고 저를 사랑하거나 혹 이를 중히 여기고 저를 경히 여김이라 너희가 하나님과 재물을 겸하여 섬기지 못하느니라"(마 6:24).

이 문제의 심각성을 경고하는 말이다. 우리는 이 말을 거울삼아 자신의 모습을 점검해야 한다. 인간은 누구나 마음의 주인을 모시기 때문이다. 누구도 예외는 없다. 자유로운 마음은 존재하지 않는다. 모든 사람의 마음은 무언가의 지배를 받는다. 우리의 마음을 지배하는 것이 생각, 욕구, 선택, 말, 행동, 감정을 좌우한다. 사람은 누구나 주인을 모시고 사는 존재다. 나는 어떤 주인을 모시고 사는가?

그다음에 예수님은 이 대화의 핵심으로 들어가신다. 곧 사람의 마음이라는 전장에서 벌어지는 거대한 영적 전쟁이다. 나라를 지키고 영토를 확장하는 두 왕들이 싸우는 전쟁이다. 그리스도와 맘몬의 치열한 싸움이다. 전쟁에서 승리한 왕이 우리 마음을 실질적으로 지배하는 주인이 되어 우리의 결정을 지도한다. 두 왕 모두 희망과 생명, 평화를 제안하지만 약속을 지킬 수 있는 왕은 하나뿐이다. 두 왕 모두 인생관과 우선순위를 가르쳐 준다. 그러나 우리 마음은 두 왕을 동시에 사랑할 수 없다. 두 왕을 동시에 섬기면서 살 수도 없다. 한 왕을 사랑하면 결국 다른 왕은 미워할 것이고, 한 왕을 섬기면 결국 다른 왕은 외면할 것이다. 이는 그리스도 예수의 교회가 충분히 관심을 가지지 않는 중요한 영적 실재다.

예수님이 경고하셨을 법한 온갖 잘못된 주인 가운데, 온갖 가짜 왕 가운데 돈을 선택했다는 것은 눈여겨볼 만한 대목이다. 예수님은 돈이 가장 매혹적이고 기만적이라는 것을 아셨기 때문일까? 우리가 거부하기 어려울 만큼 힘이 센 주인이기 때문일까? 돈만큼 예수님의 지배에 강하게 대적할 만한 것이 없기 때문일까? 인간은 본능적으로 보물을 위해 살기 때문에 보물의 성격을 지닌 돈을 거부하기가 특히 어렵기 때문일까? 우리가 생각보다 더 많이 돈 앞에 무릎을 꿇는다는 사실을 예수님이 우리에게 경고하시기 위함일까? 우리가 생각하는 것 이상으로 이 잔인한 왕이 삶과 인간관계를 살육한 주검이 무수히 많기 때문일까? 주님은 안락하고 만족스러운 삶의 한복판에 몇 마디 폭탄을 떨어뜨리신다.

자신이 정말 어떤 왕을 섬기는지 모르는 사람이 많은 것 같다. 어쩌면 아직도 그리스도 예수의 주권에 순종하지 않아서 그럴지도 모른다. 말은 만왕의 왕을 섬긴다고 하면서도 일상에서는 돈을 숭배해서 그럴지도 모른다. 어쩌면 야망과 불만족, 부채의 크기를 보면 당신이 어떤 왕을 섬기는지 알 수 있을지도 모른다. 일요일에 당신이 예배하는 왕은 평일 내내 예배하는 그 왕이 아닐지도 모른다.

값을 치를 돈이 없는데도 날마다 신용카드로 물건을 잔뜩 소비한다면 당신은 맘몬의 발 앞에서 예배하는 것이다. 중산층 생활을 유지해야 사람 구실을 할 수 있다고 믿기 때문에 아이들을 남의 손에 맡기다시피 기르고 일만 한다면 당신은 맘몬을 예배하는 것이다. 부와 권력을 손에 넣으려고 비정상적으로 일한다면, 넉넉한 은행 잔고, 좋은 집, 멋진 차에서 안정감을 느낀다면 당신은 맘몬을 예배하는 것이다. 매달 여러 장의 신용카드 결제액을 어떻게 갚을지 고민하느라 불면의 밤을 보낸다면 당신은 맘몬에게 마음을 바친 셈이다. 교회에서 예배하는 것보다 쇼핑몰에서 쇼핑하는 것에 더 열광한다면 실제로 당신의 교회는 쇼핑몰이고, 실제로 당신이 섬기는 왕은 맘몬이다.

그리스도의 가르침은 다음과 같다. 당신은 돈으로 살 수 있는 쾌락에 삶을 투자하거나 하나님의 가치에 삶을 투자한다. 중립 지대는 없다. 어느 왕을 예배하는지가 우리 삶을 가른다. 기억하라. 우리는 전부 보물 사냥꾼이다. 우리는 자신이 중요하다고 여기는 것을 추구한다. 우리를 판단하는 유일한 기준은 우리가 추구하는 보물의 종류다. 예수님은 가르침의 결론을 이렇게 내리신다. "그런즉 너희는 먼저 그의 나라와 그의 의를 구하라 그리하면 이 모든 것을 너희에게 더하시리라"(마 6:33).

우리를 일깨우는 이런 대화는 성경에서 여기 말고도 여러 곳에서 찾아볼 수 있다. 다음 본문들도 생각해 보자.

> 예수께서 이르시되 네가 온전하고자 할진대 가서 네 소유를 팔아 가난한 자들에게 주라 그리하면 하늘에서 보화가 네게 있으리라 그리고 와서 나를 따르라 하시니(마 19:21).

그러나 화 있을진저 너희 부요한 자여 너희는 너희의 위로를 이미 받았도다(눅 6:24).

그들에게 이르시되 삼가 모든 탐심을 물리치라 사람의 생명이 그 소유의 넉넉한 데 있지 아니하니라 하시고(눅 12:15).

하나님은 이르시되 어리석은 자여 오늘 밤에 네 영혼을 도로 찾으리니 그러면 네 준비한 것이 누구의 것이 되겠느냐 하셨으니 자기를 위하여 재물을 쌓아 두고 하나님께 대하여 부요하지 못한 자가 이와 같으니라(눅 12:20-21).

적은 무리여 무서워 말라 너희 아버지께서 그 나라를 너희에게 주시기를 기뻐하시느니라 너희 소유를 팔아 구제하여 낡아지지 아니하는 배낭을 만들라 곧 하늘에 둔 바 다함이 없는 보물이니 거기는 도둑도 가까이하는 일이 없고 좀도 먹는 일이 없느니라(눅 12:32-33).

예수께서 그를 보시고 이르시되 재물이 있는 자는 하나님의 나라에 들어가기가 얼마나 어려운지 낙타가 바늘귀로 들어가는 것이 부자가 하나님의 나라에 들어가는 것보다 쉬우니라 하시니(눅 18:24-25).

이 모든 본문들이 하나님과 맘몬, 두 왕의 충돌을 피할 수 없다고 말한다. 우리를 유혹하고 마침내 지배하는 돈의 힘을 말한다. 우리는 돈으로 살 수 있는 재미있고 매혹적인 것들이 가득한 물질세계에서 살기 때문에 쉽게 딴 길로 새고, 산만해지고, 속고, 유혹을 느끼고, 사로잡힌다. 성경은 세상에서 즐겁게 사는 것을 나쁘다고 말하지 않는다. 성경은 소유를 잘못이라고 말하지 않는다. 성경은 돈이 나쁘다고 말하지 않는다. 돈을 벌거나 쓰는 것을 악하다고 가르치지 않는다. 부자는 전부 속물이고 빈자는 모두 성인이라고 가르치지 않는다. 돈이나 물질을 저주하는 것으로는 맘몬과 싸워서 이길 수 없다. 우리가 지금 알아 가고 있듯이 이 전투는 우리의 마음을 차지하려는 싸움이기 때문이다.

성경은 분명하게 가르친다. 돈을 사랑하여 소유와 쾌락을 좇느라 하나님을 사랑하지 않으면 삶의 근간이 무너지고 심각한 영적 문제에 부닥친다. 돈은 악하지 않지만 아주 악한 우상이 될 수 있다. 부는 악하지 않지만 부가 우리 마음을 지배하게 허락하면 안 된다. 돈은 하나님의 선한 피조물이다. 그러나 사람을 지배하면 좋은 것도 악한 것으로 변한다. 만왕의 왕을 섬기면서 부의 축적을 삶의 근간으로 삼을 수는 없다. 창조주보다 피조물을 더 사랑할 수는 없다. 따라서 우리는 하나님 나라의 영원한 보물을 추구한다고 말하면서 마음으로는 돈을 갈망할 수 없다.

그러나 유감스럽게도 그렇게 하는 사람이 아주 많다. 심지어 자신의 삶에 모순이 있다는 것을 모른다. 자신이 돈이 생기면 기뻐하고 돈이 없으면 낙심한다는 것을 모른다. 물건을 구입하고 유지하고 보호하고 수리하고 누리는 일에 자신이 시간과 힘을 얼마나 많이 쓰는지, 돈과 물건 때문에 천국 같은 희망과 꿈에 부풀기도 하고 지옥 같은 슬픔과 좌절을 맛보기도 하는지 모른다. 욕심, 특권, 질투, 탐욕 때문에 얼마나 고생하는지, 돈이나 원하는 물건을 가지지 못하면 선하신 하나님을 얼마나 의심하는지 모르는 것 같다.

그것을 모르기 때문에 교회에서 예배할 때 왕을 바꾼다는 것을 모른다. 우리가 모여서 예배하는 왕은 일주일 내내 섬겼던 왕이 아니다. 안락한 물신주의적 삶의 한복판에 영적인 폭탄이 떨어졌다. "너희가 하나님과 재물을 겸하여 섬기지 못한다"(마 6:24)는 것이 핵심이다. 타협이나 거래의 여지가 없다. 예수님은 양립을 허락하지 않으시므로 우리는 회개해야 한다. 나 역시 이 부분을 쓰다가 하나님 앞에 잠시 멈춰 설 수밖에 없었다.

최고의 선물 대신
'포장 박스'를 즐거워하다

나는 잔뜩 실망했지만 어린 아들아이는 내 기분을 알 리 없었다. 물론 아들은 나를 실망시킬 뜻이 없었다. 다만 선물의 의미를 몰랐을 뿐이다. 크리스마스나 생일이면 우리 부부는 예쁘게 포장한 선물을 어린 아들아이에게 주지만 아들은 우리가 사 준 선물은 버려두고 포장 박스를 가지고 노는 것을 무척 좋아했다. 그런 일이 몇 번이나 반복되자 어느 해 크리스마스 쇼핑 시즌에는 아들이 포장 박스보다 더 좋아할 장난감을 찾으리라 단단히 마음을 먹었다. 아내와 함께 평소보다 훨씬 오래 쇼핑한 끝에 마침내 선물을 찾았다. 딱 봐도 아들을 위해 만든 장난감이었다. 우리는 아들이 좋아할 것이라고 확신했다.

선물을 열어 볼 시간이 되자 우리는 아들보다 더 신이 났다. 아들은 박스를 뜯어서 장난감을 꺼내더니 정말 장난감을 가지고 놀기 시작했다. 성공! 나는 내 눈을 믿을 수 없었다. 우리 부부는 주방으로 가서 목을 축이고 대화를 조금 나누고 몇 분 뒤에 아들이 있는 거실로 돌아갔다. 장난감을 가지고 놀고 있을 줄 알았던 아들은 이번엔 아예 포장 박스 안에 들어가 앉아 있었다.

우리는 모두 보물 사냥꾼이다. 그리스도와 맘몬, 두 왕의 전쟁을 날마다 겪어야 한다는 말을 하다가 왜 갑자기 이런 이야기를 하는지 의아할 것이다. 그건 우리에게도 내 아들아이와 비슷한 데가 있기 때문이다. 우리는 아주 멋진 선물을 받았다. 사실 '멋지다'라는 말로는 한참 부족하다. 인간이 받을 수 있는 최후의 선물, 최고의 선물, 어디를 봐도 완벽한 멋진 선물이다. 깨달았든 깨닫지 못했든 인류가 간절히 바라는 단 하나의 선물이며, 인생에서 가장 중요한 선물이다. 우리 힘으로 얻어 내거나 완성할 수 없는, 심지어 받을 자격도 없는 선물이다. 우리의 모든 것을 바꿀 수 있는 유일한 선물이다. 돈을 주고 살 수 없다. 받을 수만 있다. 이 선물을 원하지 않는가? 생각을 바꾸는 게 좋다. 이 선물이 필요 없다고 생각하는가? 반드시 필요하다.

예수님의 은혜. 우리는 인생을 변화시키는 이 경이로운 선물을 제쳐 놓고 그저 포장 박스를 가지고 노는 데 만족한다. 성경 조금, 신학 지식 조금 아는 데 만족하며 가끔 사역하는 데 만족한다. 헌금함에 몇 천 원을 넣는 데 만족하고, 소그룹 모임의 가벼운 인간관계에 만족한다. 일요일 오전에만 훌륭히 작동하는 기독교에 만족한다.

우리는 최고의 선물을 받아 놓고도 포장 박스를 가지고 노는 재미에 빠져 있다. 우리는 감사하는 마음으로 은혜를 두 손으로 붙잡고 있지 않는다. 우리는 "이런 선물을 받다니 믿을 수 없어! 이 선물로 할 수 있는 일은 다 해 보겠어. 이 선물의 엄청난 가치를 설명하고 권하는 곳이라면 어디든 가겠어. 이 선물의 혜택을 누리고 남에게도 베풀 수 있는 일이라면 만사를 제쳐 놓겠어. 이 선물을 내게 주시려고 해야 할 일을 은혜롭게 마치신 하나님을 헌신적으로 예배하겠어"라고 말하지 않는다.

안타깝게도 우리는 선물이 담겼던 포장 박스만 가지고 논다. 우리 마음의 사랑을 무언가가 갉아먹었기 때문이다. 우리가 날마다 섬기는 것은 따로 있다. 다른 무언가가 우리의 소망과 꿈을 가로

챘다. 물론 우리는 구원에 감격하고 교회에 꾸준히 가겠지만 우리의 상상력을 사로잡고 삶을 지배하는 것은 따로 있다. 맘몬은 우리의 귀에 대단한 약속을 속삭였고, 우리는 그의 거짓말을 믿었다. 그러고는 맘몬이 약속할 권리도 없고 지킬 힘도 없는 삶을 가열하게 추구한다. 이룰 수 없는 꿈을 꾸면서 계속 돈을 쓰고 물건을 사지만 아무 효과가 없다. 흥분은 금방 가라앉는다. 오래지 않아 공허한 불만족이 돌아온다. 그러면 다시 돈을 쓰면서 이번에는 맘몬이 약속을 지키길 희망한다. 역시나 맘몬은 약속을 지킬 수 없고 지키지도 않는다. 결국 우리에게는 공허한 마음과 빈 지갑만 남는다. 수입은 생활 수준을 따라오지 못한다. 이건 광기나 다름없다. 우리가 남기는 영원한 유산은 부채이고, 우리가 부채를 해결하는 방식은 더 소비하는 것이다.

우리의 문제는 '예산'이 아니다. 문제는 '보물'이다. 우리의 문제는 '돈'이 아니다. 문제는 '왕권'이다. 우리의 문제는 '물건'이 아니다. 문제는 '마음'이다. 왕권 문제를 해결하지 못하면 소비와 예산 문제를 제대로 해결할 수 없다.

도와 달라고 부르짖으라

그리스도의 두 가지 충격적인 비유는 인간의 본성과 행동의 근원을 밝힌다. 우리 마음 깊은 곳에서 일어나는 갈등을 수면 위로 끌어올리면서 근본적으로 은혜가 필요하다는 것을 지적한다.

> 천국은 마치 밭에 감추인 보화와 같으니 사람이 이를 발견한 후 숨겨 두고 기뻐하며 돌아가서 자기의 소유를 다 팔아 그 밭을 사느니라 또 천국은 마치 좋은 진주를 구하는 장사와 같으니 극히 값진 진주 하나를 발견하매 가서 자기의 소유를 다 팔아 그 진주를 사느니라(마 13:44-46).

이 두 가지 비유가 말하려는 핵심 메시지는 하나님 나라의 무한한 가치다. 하나님 나라는 무엇인가? 세상과 우리를 구원하는 은혜로운 계획이다. 값진 보화와 진주는 무엇인가? 그리스도다. 또한 그리스도가 베푸시는 용서하고, 해방하고, 바꾸고, 구원하는 은혜라는 선물이다. 이 두 가지 비유는 하나님이 주시는 선물인 은혜의 아들보다 더 귀한 것은 없고, 은혜와 더불어 오는 구원보다 더 기쁜 일은 없다고 주장한다. 이 보화와 진주의 가치를 제대로 평가하면 일상의 선택과 행동이 급진적으로 바뀐다는 것을 보여 준다.

하나님 나라의 가치를 제대로 평가한 사람은 보통 사람처럼 이기적으로 돈 생각만 하면서 물질적으로 살지 못한다. 은혜의 가치를 제대로 평가하고 기뻐하는 사람은 엉뚱한 나라를 추구하는 데 알짜 시간을 다 쓰고 겨우 자투리 시간에 은혜를 추구하면서는 살지 못한다. 이 보화의 값어치를 제대로 아는 사람은 삶의 우선순위를 재정립한다. 그 우선순위에 따라 시간과 힘, 돈을 쓴다. 하루 일과가 바뀐다. 예산을 짜는 방식, 인간관계와 여가 생활, 교회 생활이 혁신적으로 바뀐다. 인생이 완전히 바뀌니 마음에 기쁨이 넘친다.

그리스도의 은혜로 내 삶은 임마누엘이 충만했다. 내가 할 수 없는 일을 그리스도가 대신해 주셨다. 율법은 나를 풀어 주지 못했지만 은혜는 나를 자유롭게 했다. 내가 망상에 사로잡힌 순간에도 나는 과분한 사랑을 받았다. 내가 교만하고 반역할 때도 그리스도는 등을 돌리지 않으셨다. 내가 약할 때 조롱하지 않으셨고 내 죄를 내 얼굴에 던지지 않으셨다. 내가 신실의 '시옷' 자도 모를 때도 그리스도는 내게 신실하셨다. 내가 게을러서 싸움을 멈춘 순간에도 나를 대신해 싸우셨다.

은혜의 사역을 마칠 때까지 그리스도는 내 안에서 나를 위해 이 모든 일을 멈추지 않고 계속하신다. 내가 선물로 받은 이 보화는 내가 존재하는 아름다운 이유다. 사람의 언어로는 그 영원한 의의를 표현할 수 없다.

그러나 내가 늘 그렇게 생각하는 것은 아니다. 내 마음은 여전히 방황하므로 은혜가 여전히 필요하다. 그 결핍이 너무 깊어서 그 은혜의 가치를 제대로 헤아릴 은혜가 더 필요할 정도다. 우리의 재정관의 문제는 우리가 선물로 받은 예수님과 그 은혜의 가치를 너무 모른다는 데 있다. 그리스도의 가치를 제대로 알아야 맘몬은 힘을 잃고 우리를 지배할 수도 없다.

교회에서 돈 이야기를 할 때 이런 이야기는 잘 하지 않는다. 그래서 은혜만이 할 수 있는 일을 율법에 의지한다. 예산을 세우면 우리 마음이 어디에 가치를 두는지 파악할 수 있지만, 올바른 왕에게 예배할 힘은 예산에서 나오지 않는다. 예산을 세우면 유익한 소비 습관을 기를 수 있지만 마음의 변덕과 방황을 막을 힘은 기르지 못한다. 예산을 세우면 씀씀이의 경로를 의식할 수 있지만 그것이 우리를 유혹에서 구원해 주지는 않는다.

우리는 만왕의 왕께 불충한 죄를 고백하고, 맘몬과 싸울 힘을 달라고 구해야 한다. 그리고 우리가 가장 약한 순간에도 하나님의 은혜가 충분하다는 진리 안에서 쉼을 누려야 한다. 물론 우리는 또다시 실패하고, 유혹에 넘어가며, 엉뚱한 왕을 예배하겠지만, 값진 은혜를 다시 받을 것이다. 매일같이 우리는 다시 일어나 싸운다. 우리는 혼자가 아니다. 하나님의 백성이 도와 달라고 부르짖을 때 우리 왕은 절대 귀를 닫지 않으신다.

재정관 바로 세우기

1. 마태복음 6장 19-33절을 읽고 예수님이 대조하는 것의 목록을 만들자. 예수님의 요점을 간략히 말해 보라.

2. 예수님의 비유를 기록한 누가복음 12장 13-21절은 우리를 유혹하고 지배하는 돈의 힘을 어떻게 말하는가?

3. 당신은 어떤 식으로 돈과 물질을 즐거워하는가?

4. 어린 아들이 선물 자체보다 선물을 담았던 포장 박스를 더 좋아한다는 이야기의 요점은 무엇인가?

5. 마태복음 13장 44-46절에 있는 예수님의 비유는 우리가 하나님의 은혜가 필요하다는 것을 어떻게 말하는가? 당신의 생활에서 구체적인 예를 들어 보라.

말씀으로 변화되는 마음

- 마태복음 19장 16-26절
- 누가복음 12장 32-34절; 18장 18-30절

03부

경제생활을
변화시키는

'은혜'의 복음

REDEEMING
MONEY

돈,
하나님 나라 안에서
제자리 찾기

우리는 '생각보다 훨씬 많이' 돈을 사랑한다

그들은 빚더미에 깔려서 살았다. 그들은 돈을 사랑한다는 게 뭔지를 생생하게 보여 주는 가족이었다. 남편과 부인은 재혼 부부이자 혼합 가족이었다. 아이들은 물질적이고 제 분수를 모르고 까다로웠다. 그도 그럴 것이 부모부터 '풍족한 생활'을 고집했던 터라 언제든 지갑을 열 준비를 했다. 그리고 실제로 지갑을 열었다.

'욕망 → 소비 → 소유 → 부채 → 불만족'이라는 악순환은 끝날 줄 몰랐다. 돈 쓰는 재미를 좋아했고, 돈으로 사는 물건을 좋아했고, 남들의 부러운 시선을 즐겼다. 돈의 힘이 좋았다. 부자가 되는 것이 하나님의 축복이라고 여기고 돈을 사랑했다. 사고 싶은 것을 살 수 있어서 돈을 사랑했다. 그들은 '돈'을 사랑했다!

내가 그들을 만났을 때 이기적이고 물질적인 꿈의 집은 무너지기 시작했다. 이야기를 들어 보니 그들의 소비 생활은 분명히 비정상이었다. 그들은 저축을 몰랐고, 돈을 벌기도 전에 쓸 궁리부터 했다. 물건과 즐거움이 쌓이는 만큼 빚이 늘어나자 그들은 조치를 취했다. 두 번째 집을 담보로 대출을 받았다. 애초에 빚을 내서 빚을 갚는다는 게 좋은 방법은 아니지만 두 사람은 새로 생긴 수천 달러로 과연 무엇을 했을까?

아뿔사! 그들은 빚을 해결하기 위해 받았던 주택담보대출금으로 더 무모한 소비에 나섰다. 남편은 현금이 생기자 아내에게 3,500달러짜리 반지를 선물했다. 그들은 자신들이 돈에 취했고, 돈에 중독됐고, 돈에 미쳤다는 사실을 모르는 것 같았다.

압박이 심해지자 두 사람은 예민해졌다. 자주 짜증을 내게 되었고 거의 늘 다퉜다. 아이들은 더 많이 가지려고 언제나 경쟁했고, 부모에게 지나치게 요구하고 불평하고 비판했다. 마침내 남편은 가정의 갈등을 참지 못하고 자주 집을 비웠다. 부인은 남편에게 버림받았다는 느낌이 들자 이혼을 생각했다. 수많은 갈등 속에서 신앙은 사라진 지 오래였다. 그들이 실제로 예배하는 대상은 하나님이 아니었다. 교회는 가다 말다 했고 헌금은 아까워서 못했다. 돈을 사랑하는 것은 어느새 온갖 악의 뿌리가 되었다.

돈을 사랑하는 것,
왜 일만 악의 뿌리인가

돈을 사랑하는 것보다 더 악한 일이 얼마나 많은가. 그리고 표면적으로는 돈을 사랑하는 것과 온갖 악은 상관이 없어 보인다. 돈을 사랑한다는 것의 영적인 역학을 천천히 살펴보자. 디모데전서 6장 6-10절을 읽어 보자.

> 그러나 자족하는 마음이 있으면 경건은 큰 이익이 되느니라 우리가 세상에 아무것도 가지고 온 것이 없으매 또한 아무것도 가지고 가지 못하리니 우리가 먹을 것과 입을 것이 있은즉 족한 줄로 알 것이니라 부하려 하는 자들은 시험과 올무와 여러 가지 어리석고 해로운 욕심에 떨어지나니 곧 사람으로 파멸과 멸망에 빠지게 하는 것이라 돈을 사랑함이 일만 악의 뿌리가 되나니 이것을 탐내는 자들은 미혹을 받아 믿음에서 떠나 많은 근심으로써 자기를 찔렀도다.

이 본문을 자세히 보면 돈을 사랑하는 것은 돈보다 훨씬 더 큰 무엇과 관련이 있다는 실마리를 얻는다. 이 짧은 본문에서 바울이 밝히는 심오한 연관성은, 우리가 이 책에서 내내 논의하는 주제를 다시 부각한다. 돈을 사랑하는 것은 근본적으로 과소비 문제가 아니라 만족 문제다("자족하는 마음이 있으면 경건은 큰 이익이 되느니라"). 돈을 사랑하는 것은 정체성 문제다("우리가 세상에 아무것도 가지고 온 것이 없으매"). 돈을 사랑하는 것은 타락한 세상 문제다("시험에 떨어지나니"). 돈을 사랑하는 것은 예배의 문제다("부하려 하는 자들"). 돈을 사랑하는 것의 근본 체계는 인간의 마음 밭을 관통해 생각보다 더 깊고 넓게

퍼져 있다.

바울은 '만족'에서 논의를 시작한다. 거기에 돈 문제의 뿌리가 있기 때문이다. 불만은 배금주의가 자라는 땅이다. 우리는 불만의 속성을 제대로 모르는 것 같다. 불만은 사소한 죄처럼 보인다. 우리는 보통 불만을 가벼운 욕심 정도로 생각하는 경향이 있다. 우리는 겨우 파티를 자주 못해서 불만이라고 투덜대는 게 전부다. 그러나 불만스러운 사람은 행복하지 않아서 불만스러운 게 아니라, 더 근본적인 결핍 때문에 불만스럽다. 겸손함이 결핍돼 있어서다.

불만이 있는 사람은 겸손하지 않다. 그는 제 분수를 모른다. 분에 넘치는 요구를 당연하다고 여긴다. 제 몫이 아닌 것을 제 몫인 것처럼 여기고 살기 때문에 당연히 그것을 가져야 한다고 생각한다. 가지지 못한 것을 누가 가지고 있는 것을 보면 주체를 못하고, 급기야 선하신 하나님을 의심하는 지경에 이른다. 불만은 보통 문제가 아니다.

불만을 부채질하는 겸손함의 결핍은 콧대가 조금 높고 제 자랑을 많이 하는 수준의 문제가 아니다. '자기 영광을 구하는 것'에 사로잡힌 마음의 문제다. 우리는 위를 보고 살고(하나님 사랑) 밖을 보고 사는(이웃 사랑) 존재인데 '자기 영광을 구하는 것'에 사로잡히면 자기만 보고 살게 된다. 정말 자신밖에 모른다. 불경건한 자기애의 삼위일체, 곧 자기 욕구와 필요와 느낌 위주로 사는 삶이다. 내 행복이 가장 중요한 윤리 기준이어서 하루하루 내 쾌락과 안락과 편리를 추구하면서 산다. 내 세상의 중심은 나다. "나는 나를 사랑해서 내 인생을 위한 멋진 계획이 있다"는 식이다.

내 세상의 중심이 나라는 건 곧 하나님이 중심이 아니라는 뜻이기에 돈은 제자리에 있을 수가 없다. 내 세상의 중심이 하나님이고 나는 하나님을 위해 사는 존재라는 것을 알면 하나님이 내 필요를 은혜롭게 채워 주시길, 하나님이 나를 향해 정하신 뜻을 이루시길 바랄 수밖에 없다. 그러나 내가 중심에 있고 정말 나밖에 모르면 돈이 내 대리인이 되고 내 구원자가 된다. 다시 강조하지만, 행복이 중심에 있고 창조주는 안중에도 없다면 우리는 피조물에서 행복을 찾게 된다. 그래서 돈은 즐거움을 누릴 수 있겠다고 생각하는 모든 것을 제공하는 구원자가 된다. 우리는 더 이상 하나님의 영광을 구하지 않고 '자기 영광 구하기'에 사로잡혀서 날마다 피하고 싶은 결핍과 불편에서 구원해 달라고 돈을 향해 기도한다.

하나님을 위해 살지 않고 나를 위해 사는 것이 모든 악의 핵심 아닌가? 그게 바로 돈을 사랑하는 것이다. 하나님 대신 내가 세상의 중심에 있으면 나는 분수를 모르고 지나치게 요구하면서 언제나 이기심이 낳는 불만이 가득한 삶을 산다. '자기 영광 구하기'는 에덴동산에서 일어난 원죄의 핵심이고, 그 후로 모든 죄가 자라는 땅이 되었다.

그게 전부가 아니다. 우리는 앞에서 정체성과 돈 문제가 관련이 있는지 보았다. 따라서 돈을 사랑하는 것 역시 정체성 문제다. 돈을 사랑하는 사람은 정체성과 삶의 목적을 망각한다. 우리는 현세를 초월하는 영원한 존재이므로 쾌락, 소유, 경험, 순간이 인생의 전부라고 생각하는 것은 말이 안 된다. 빈손으로 와서 빈손으로 떠나는 게 사실이다. 모아둔 것은 세상을 떠날 때 쓸모도 의미도 없다.

정체성을 망각하고 삶의 목적을 부정하면 돈을 제자리에 두고 쓰기가 어렵다. 돈을 사랑하고 돈을 갈망하고 돈을 손에 넣을 수 있다면 못할 일이 없다. 돈이 더 많은 사람을 시기하고, 선하신 하나님을 구두쇠라고 비난한다. 영원을 뒷전으로 미룬 채 이기적으로 살고 현재만 중시하고 영원보다 물질적 안락을 더 추구하는 생활방식의 중심에는 돈에 대한 사랑이 있다. 바로 지금, 바로 여기 '인생은 한 번 뿐'이라는 식의 생활은 모든 악의 소굴이다. 영원과 돈에 관한 이야기는 다음 장에서 더 자세히 다루겠다.

바울은 또 말한다. 돈을 사랑하는 것은 타락한 세상 문제다. 배금주의는 아주 심각한 문제다. 우리가 사는 세상은 하나님의 뜻을 따르지 않는 곳이며, 사방에서 유혹이 우리를 노린다. 하루라도 일탈적이고 기만적인 유혹을 만나지 않는 날이 없다. 하나님이 누리라고 허락하신 삶을 떠나라고 오만 가지 목소리가 우리 귀에 속삭인다. 로마서 1장에서 바울이 말하는 것은 어떤 유혹인가? 창조주를 예배하며 섬기지 말고 피조물을 예배하며 섬기라는 유혹이다. 정체성의 근간과 영혼의 안녕을 피조물에서 찾는 것이다. 창조주만 줄 수 있는 생명을 피조물에게 구하는 것이다.

다시 말하지만 돈을 사랑한다는 것은 결국 돈을 예배하는 것이다. 우리는 온갖 악에 빠지고 하나님께만 바쳐야 합당한 사랑과 기도와 예배와 봉사를 피조물에게 바친다. 배금주의는 이기주의와 물신숭배가 만나는 캄캄한 교차로에 도사리고 있기 때문에 돈을 사랑하는 사람은 두 가지 대계명을 지키지 않는다. 따라서 하나님 앞에서 악행을 수없이 저지른다.

돈을 사랑하는 것은 사소한 문제가 아니다. 만족, 정체성, 세계관, 영원, 예배 같은 인생을 결정하는 기본적인 마음의 문제와 직결하기 때문에 일만 악으로 들어가는 문이 된다. 이 문제를 잘못 다루면 결코 하나님 뜻대로 살 수 없다.

내가 나를 위험에 빠뜨리다

이기주의, 물신숭배, 배금주의가 나를 지배하면 내가 나를 위협하는 존재가 된다. 하나님을 위해 살 때에만 은혜로운 욕구를 느끼고 날마다 나를 부인하며 하나님의 부름에 합당하게 살 힘이 생긴다. 내가 내 존재의 중심이라면 내가 왜 나를 부인하겠는가? 나만을 위해 사는 사람에게 권위, 경계, 규칙, 억제 같은 건 저주스럽다. 이기적인 사람에게는 한 가지 규칙만 있다. "가질 건 다 가진다."

나 중심으로 살면 나는 끝장 소비자가 된다. 만족을 모르는 탐욕에 허기를 느끼고 늘 그다음 쾌락을 좇는다. "그것만 있으면"이라는 말을 항상 입에 달고 산다. 자신이 원하는 것을 전부 손에 넣지 못했다는 것이 인생에서 가장 슬픈 일이 된다. 자기를 사랑하면 돈을 사랑하게 된다. 돈이 있으면 탐닉할 수 있고, 기분이 좋아지기 때문이다. 돈이 있으면 자신을 향한 남들의 시선이 달라지고, 자기만 의지하고 살면 되기 때문이다. 한마디로 자기를 부인할 필요가 없게 된다.

자기를 부인하는 사람은 만물을 다스리는 존재는 자신이 아니라는 사실을 인정하고 무릎을 꿇는다. 자기를 부인하는 사람은 하나님의 존재를 인정하고 하나님의 계명에 순종한다. 그러나 자신을 위해 사는 사람은 공식적인 고백과 상관없이 하나님이 존재하지 않는 것처럼 제멋대로 산다. 배금주의는 '자기 영광을 구하는 것'과 '끊임없는 갈망'으로 점철된 생활 방식의 중심이다. 이는 죄가 활개를 치는 생활 방식이다.

핵심은, 돈을 사랑하는 사람은 하나님을 사랑하지 않는다는 것이다. 그런 사람은 하나님을 사랑하지 않는 것만으로 이미 충분히 비참하지만, 더 나아가 어떤 만족도 느낄 수 없다. 그래서 돈 욕심을 더 많이 내고 더 많이 소비하고 순간의 흥분만을 추구하는 생활을 계속 반복하면서 자기도 모르게 돈에 중독된다.

그러나 문제는 거기서 그치지 않는다. 돈을 사랑하는 사람은 하나님을 사랑하지 않기 때문에 스스로 인생의 왕좌마저 찬탈한다. 하나님의 영광, 하나님의 뜻, 하나님의 계획, 하나님의 은혜, 하나님의 통치 대신 내 갈망, 내 필요, 내 계획, 내 이기적인 통치가 내 인생을 결정한다. 내 인생 중심에 내가 있고 내 인생의 결정권을 내가 가지면, 나는 도덕적으로 나를 위협하는 존재가 된다. 나를 부인하지 않기 때문이다. 돈을 사랑하면 그렇게 된다. 자기 영광이라는 위험한 세계로 발을 들인다.

'내가 나를 위험에 빠뜨리는' 생활 태도는 어떤 모습일까? 네 가지 태도를 살펴보자.

나는 마땅히 누릴 자격이 있다

하나님을 사랑하지 않으면 우주 한복판에 혼자 남겨져 제 분수를 망각한다. 그러고는 분수에 맞지 않는 생활을 추구한다. 이기적인 생활을 잘못이라 생각하지 않고, 시간과 돈을 거의 전부 자기만을 위해 써도 양심은 거리낌 없이 떳떳하다. 감사하다는 말보다 불평을 더 많이 한다. 남을 위해 쓰기는 어려워도 자신을 위해 쓰기는 쉽다. 내 돈은 내 것이니 마음대로 쓴다. 돈이 얼마가 있든지 더 많이 가져야 한다고 생각한다. 개인의 부를 축복이라기보다는 권리라고 생각한다.

나는 원한다,

무한히

하나님의 존재, 하나님의 영광, 하나님의 은혜, 하나님의 도덕 기준에 따르기보다 내 바람, 내 욕구, 내 느낌에 따른다. 철없는 아이들과 같은 모습이다. 그러나 사람의 욕망은 끝이 없다. 태어나는 순간부터 인간이 가지는 욕망하는 힘에는 구원과 절제가 필요하다. 우리는 내 마음을 사로잡고 동기를 부여하는 영광스럽고 초월적인 것이 필요하다. 나 자신에게서 구원을 받아야 한다. 그러려면 영적으로 깨어나 나보다 더 큰 것을 볼 줄 알아야 한다. 모든 죄인이 추구하는 '나를 위한 삶'보다 더 위험한 것은 없다.

당신의 인생을 향한 하나님의 계획을 이루려면 언제나 (하나님이나 남이 아니라) 자기를 부인해야 한다. 나는 불필요한 것을 원하고, 욕심을 내서는 안 될 것에 욕심을 낸다. 필요한 것보다 더 많이 원한다. 해로운 것에 끌리고, 하나님 보시기에 흉측한 것을 아름답게 느낀다. 그러나 내 시간과 힘과 돈을 내 욕망을 좇는 데 쓴다면 나는 온갖 악에 노출되어 결국 무너질 것이다.

말할 것도 없이

내가 먼저

나는 어느 줄이 짧은지 좌우를 살피면서 계산대로 달려갔다. 누가 내 앞에 먼저 서는 바람에 몇 분 늦는다 생각하니 벌써 짜증이 치밀었다. 물건을 잔뜩 사서 기다리는 세 사람 뒤에서 짜증을 내면서 서 있는데 바로 그 자리에서 은혜의 하나님이 나를 나에게서 건져 주셨다. '나만 바쁜 건 아니야. 하나님은 이런 작은 순간도 하나님의 영광과 내 유익을 위해 다스리셔. 3분 더 기다린다고 큰일이 생기는 것도 아니잖아'라는 생각이 피어올랐다.

하나님의 은혜로 나는 다시 이성을 찾았다. 돈이 부채질하는 '내가 먼저'라는 정신은 온전하지 못할 뿐 아니라 모든 악의 뿌리이기도 하다. 그런 정신에 물든 사람은 다른 사람을 내 앞길을 막는 걸림돌로 여기기 마련이다. 그래서 하나님의 성품과 주권을 불신하고 이웃을 내 몸같이 사랑하라는 하나님의 계명을 짓밟는다.

하늘이 무너져도 내 뜻대로

어쩌면 '내 뜻대로'는 이런 생활 방식에서 가장 위험한 요소일 것이다. 내 뜻대로 살면 만왕의 왕을 기꺼이 기쁘게 모시는 종이 아니라 왕처럼 군림하게 된다. 우리는 더 이상 "[하나님] 나라가 임하시오며 뜻이 하늘에서 이루어진 것같이 땅에서도 이루어지이다"라고 기도하지 않는다. 아니, 우리는 내 나라가 임하길 바란다. 내가 사는 바로 지금, 바로 여기에 내 뜻이 이뤄지길 은밀히 욕망한다.

우리는 자신이 절대 가질 수 없는 통제력을 가지고 싶어 한다. 하루하루가 예상대로 지나가고 모든 일정이 순조롭게 진행되길 바란다. 아무도 나를 거역하지 않고 내 계획대로 움직이길 바란다. 모두가 내 욕구를 채워 주고 내 요구를 들어주길 바란다. 내가 나를 위해 살 듯이 남들도 나를 위해 살기를 바란다. 내 돈은 내가 지배하는 작은 왕국의 나라 살림에 쓰인다. 마음의 주요 동기가 하나님 대신 돈을 사랑하는 것이기 때문에 돈을 불합리하게 사용하고 잘못된 소비를 할 뿐 아니라 온갖 악에 물들기도 한다. 내가 삶의 중심을 차지하면 하나님 앞에서 악하게 살 수밖에 없다.

나는 요 앞 몇 단락을 쓰면서 견딜 수 없는 슬픔을 느꼈다. 하나님의 지혜로운 진리 앞에 내 마음에 있는 죄와 약점, 실패가 밝히 드러났기 때문이다. 돈을 사랑하는 위험에 관한 이야기를 하다 보니 변덕스럽고 종잡을 수 없는 내 마음이 낱낱이 드러났다. 나도 불필요한 것을 욕망한다. 지금도 필수품과 사치품을 잘 구분하지 못한다. 내 돈은 내 것이니까 나를 위해 쓰고 싶다는 유혹을 여전히 느낀다. 부유한 사람들을 보면 질투가 나기도 한다. 순식간에 사라질 즐거움에 여전히 돈을 허비한다.

이 책을 쓰기 전에도 돈을 사랑한다고 고백했을 테지만 쓰고 나서 보니 나는 생각보다 훨씬 많이 돈을 사랑하는 사람이었다. 올바른 신학, 성경 지식, 사역의 부름, 경험, 기술이 나를 구원해 주지 못했다는 사실을 생각하면 겸손해질 수밖에 없다.

이 글을 쓰면서 내 영혼이 조현병을 앓고 있다는 것을 알았다. 내 짐작에 나와 같은 사람이 많을 것 같다. 교회 사역에 헌신하고 정기적으로 헌금을 하면 돈을 사랑하지 않는다고 착각할지도 모른다. 부채의 수렁에 빠지지 않으면 돈을 사랑하는 문제가 없다고 확신할지도 모른다. 경제생활이 비정상적인 것 같은 사람과 자신을 비교하면서 자기는 돈을 사랑하는 문제가 없으니 괜찮다고 안심할지도 모른다. 그러나 바로 지금, 바로 여기서 이 책을 덮고 당신의 인생과 마음을 솔직하게 마주해 보라. 내 마음에서 하나님과 돈이 정확한 위치에 있다면 없었을 미묘한 악의 호주머니를 차고 있지는 않은가?

우리 영혼이 조현병을 앓는다는 것은 은혜가 필요하다는 증거다. 나는 나에게 가장 위험한 존재이고, 가장 심각한 문제들은 밖에 있는 게 아니라 말 그대로 내 마음에 있기 때문에 나는 나를 도울 힘이 없다. 내 문제를 풀 힘이 내게 없다. 하나님이 내 마음을 다스리시지 않는다면 아무리 예산을 잘 세워도 소용이 없다. 내가 내 왕국을 세우기로 마음을 먹었다면 유능한 자산 전문가의 조언도 소용이 없다.

나는 구출되어 회복을 받고 힘을 받아야 한다. 나 자신을 섬기는 노예 생활에서 풀려나야 한다. 내 욕구는 초점과 방향을 재조정해야 한다. 만족할 줄 알고 살아야 한다. 날마다 내가 넘치게 받는 복들을 볼 줄 알아야 한다. 하나님을 더 열렬히 사랑하고 사람들을 더 활발히 사랑해야 한다. 나는 은혜가 필요하다!

하나님은 사건을 주도하시고 역사상 인물과 장소를 움직이셔서 예수님이 이 땅에 등장하실 정확한 시기를 정하셨다. 우리에게 다른 희망이 없었기 때문이다. 예수님은 우리가 살 수 없는 삶을 사셨다. 정작 십자가에 못 박혀야 할 사람은 우리인데도 예수님은 기꺼이 그 죽음을 받아들이셨다. 예수님은 하나님의 율법을 전부 지키셨다. 예수님은 죽음을 정복하고 무덤에서 걸어 나오셨다. 그 모든 일을 반역과 무능력과 죄악에 빠진 우리를 살리려고 해내셨다.

당신은 돈에 대한 무거운 죄책감과 수치심을 느끼지 않아도 된다. 당신이 돈을 지혜롭게 쓴다거나 돈에 대해 깨끗하다는 것을 자신이나 남들에게 증명하려고 애쓰지 않아도 된다. 이기적인 소비생활이나 부족한 연민을 합리화하려고 애쓰지 않아도 된다. 당신의 선택을 변명하지 않아도 된다. 아무것도 하지 않아도 된다. 십자가에서 예수님이 당신을 죄악의 수렁에서뿐 아니라 의롭다는 망상에서도 구원하셨기 때문이다.

예수님의 의가 당신을 덮어 주셨기에 가장 절망적인 실패의 순간에 예수님에게서 달아나지 않아도 된다. 예수님은 아버지 하나님께 버림을 받고 매달리신 십자가 위에서 당신이 받을 거절의 무게를 고스란히 짊어지셨다. 예수님은 당신이 도움이 필요해서 손을 내밀 때 절대 하나님께 버림받지 않게 하시려고 그 거절을 기꺼이 참으셨다.

그러니 더는 전략과 전술, 계획, 규칙이 당신을 구해 줄 것이라 믿고 의지하지 말라. 당신 곁에, 당신 안에 당신을 위한 구주가 계시기 때문이다. 예수님이 당신의 생명이고, 예수님의 은혜가 당신의 희망이다. 예수님께 달려가라! 예수님만이 당신을 용서하시고 구원하신다.

은혜에 눈뜰 때

은혜는 나를 해방할 뿐 아니라 내 분수를 가르쳐 준다. 은혜는 내가 세상의 중심이 아니라는 사실에 눈을 뜨게 해 준다. 겸손해질 수밖에 없다. 은혜 앞에서 나는 작아지지만 외롭거나 버림받은 느낌은 받지 않는다. 은혜는 내가 가난하다고 말하면서도 난생처음 보는 큰 부를 허락한다. 은혜는 내가 나를 위험에 빠뜨리는 존재라는 것을, 순간순간 은혜가 절실히 필요한 존재라는 것을 계속 일러 준다.

은혜 앞에서 한 번만 겸손해지는 게 아니라 교만한 마음이 다시 나를 세상의 중심에 세우려고 할 때마다 겸손해지고 또 겸손해진다. 은혜만이 당신을 배금주의나 하나님의 주권을 침해하는 모든 것의 속박에서 풀어 줄 수 있다.

은혜만이 제 분수를 모르는 사람을 감사하는 사람으로, 질투하고 차지하려는 마음을 진정 만족하는 마음으로 바꿀 수 있다. 우리에게 인내하는 법을 가르치고, 원하는 것을 지금 당장 가지려는 마음에서 벗어나게 한다. 긍휼히 여길 힘을 주며, 제 살만 찌우는 대신 남들을 보살필 수 있게 한다. 은혜만이 가짜 왕을 변화시켜 진짜 왕을 섬기는 데 시간과 돈을 쓰게 한다.

감사, 만족, 인내, 긍휼, 봉사. 이 다섯 가지는 돈을 숭배하지 않고 은혜의 환대와 능력을 받아 하나뿐인 진짜 왕을 섬기는 사람의 마음에 있는 미덕이다. 내 마음에는 이 다섯 가지 미덕이 있을까? 당신은 어떤가? 감사하게도 우리 모두에게는 이 다섯 가지 미덕이 조금씩 있다.

그러나 전투는 아직 끝나지 않았다. 우리는 또 길을 잃고 방황할 것이다. 돈을 사랑하고 하나님을 망각하는 순간이 올 것이다. 하나님의 영광보다 내가 영광받는 것을 더 중요하게 여길 때가 올 것이다. 우리는 사지 않아도 되고 만족도 느낄 수 없는 물건에 또 돈을 쓸 것이다. 돈을 허비하고는 돈이 없다고 부르짖을 것이다.

그러나 은혜는 우리를 버리지 않는다. 혼자 잘해 보라고 내버려 두지도 않는다. 은혜는 다시 우리의 실체를 드러내고, 죄를 일깨울 것이다. 그러나 우리를 다시 용서하며 우리에게 다시 힘을 줄 것이다. 은혜의 주님은 거룩한 사랑의 팔로 우리를 다시 안아 주실 것이다. 우리는 우리의 정체성과 우리가 받은 무수한 복들을 다시 떠올리게 될 것이다.

은혜는 우리가 훗날 감사하고 만족하는 사람이 될 것이라고 약속한다. 은혜의 힘으로 우리는 날마다 더 그런 사람으로 변해 간다.

재정관 바로 세우기

1. 돈을 사랑하는 것이 왜 일만 악의 뿌리인가? 디모데전서 6장 6-10절을 읽어 보라.

2. "나 중심으로 살면 나는 끝장 소비자가 된다"는 말이 무슨 뜻인가?

3. 내가 나를 위협하는 생활 태도는 어떤 모습인가?

4. 우리는 왜 돈 문제를 스스로 해결할 수 없을까? 우리는 누구에게 어떤 도움을 받아야 할까?

5. 은혜의 힘을 받는 사람의 마음에 있는 미덕에 관해 말해 보라. 당신의 삶과 마음에도 이런 미덕의 흔적, 은혜의 증거가 있는가?

말씀으로 변화되는 마음

- 시편 73편 1-28절

'한시적 욕망' 대신 '영원한 필요'를 채워 주신다

"이것"은 성경에서 말하는 개념 중에서 가장 급진적이다. 반직관적이고, 물리적 가정과 철학적 논리를 거부한다. 성경의 가르침을 믿는 사람들도 대부분 일상에서 이것을 생각하지 않은 채 선택하고, 결정하고, 행동한다. 이것이 바로 지금, 바로 여기서 함의하는 바는 우리가 삶의 모든 영역에서 다르게 살아야 한다는 것이다. 이것에서 눈을 떼면 올바로 살 수 없다. 사실 성경은 모든 인간의 마음에 이것이 있다고 가르친다. 이런 관점이 없으면 성경적 신앙은 다 헛일이다. 이것은 하나님의 계획에서 핵심적인 요소다. 우리는 이것을 갈망하면서도 갈망하는지 모른다. 죄로 타락한 이 세상도 고통 속에서 이것을 갈망한다.

핵심적이고 급진적인 이 관점은 무엇일까? 바로 영원(eternity)이다. 성경은 이 땅에서의 삶이 전부가 아니라고 분명하게 가르친다. 모든 사람은 저마다 내세를 향해 가고 있다. 영원이 우리나 우리의 재정과 무슨 상관이 있는가? 전부 상관이 있다. 하나님은 우리와 우리의 재정에 대한 계획이 있으시다. 영생을 바라보면서 살지 않으면 우리는 그 계획을 알 수도 실현할 수도 없다.

나는 우리 안팎에서 나타나는 비이성적인 경제생활이 대부분 문화적 풍토병과 같은 '영원 망각증'의 실질적이고 직접적인 결과라고 확신한다. 이제부터 하나님이 맡기신 경제적 자원을 다루고 생각하는 일에서 영원한 하나님 나라와 영생을 믿는다는 것이 무슨 뜻인지 생각해 보고자 한다.

나는 우리 문화와 구성원이 "실질적 이기적 찰나주의"에 사로잡혀 있다고 생각한다. 실질적이라 함은 일상생활에 실질적인 영향을 주기 때문이고, 이기적이라 함은 개인의 욕구, 필요, 느낌, 희망, 꿈에만 관심을 가지기 때문이다. 기본적으로 자기 중심으로 사는 것이다. 찰나주의라 함은 순간을 즐기기에 바쁘기 때문이다. 바꿔 말하면 성경이 가르치는 장기적 관점이 아니라 단기적 관점으로 인생을 바라보는 것이다.

비이성적인 경제생활은 실질적 이기적 찰나주의로 이루어져 있다. 실질적 이기적 찰나주의 세계관에 내재한 세 가지 비극적 오류부터 살펴보자.

실질적 이기적 찰나주의의 세 가지 오류

지금 이 순간이 전부다?

사람들은 대부분 정말 지금 이 순간 외에는 아무것도 없는 것처럼, 죽으면 다 끝인 것처럼 산다. 그런 정신으로 살면 근심, 꿈, 희망, 문제의 해결책을 전부 지금 여기서 찾는다. 지금 당장 모든 일이 일어나야 하고, 모든 것을 경험해야 하고, 가져야 하고, 해결해야 한다. 이는 인내하는 법을 모르는 삶이요, 우리는 그렇게 살기 위해 지음 받은 존재가 아니다.

전도서 3장 11절을 보면 하나님이 사람들에게 영원을 사모하는 마음을 주셨다고 한다. 모든 인간에게 낙원을 갈망하는 마음이 있다는 뜻이다. 인생은 영원에 이르도록 만들어졌다. 우리 삶은 짧지 않고 길며, 우리는 더 큰 무언가의 일부다. 우리는 인생이 현세의 물리적 실재를 초월한다는 것을 의식하면서 사는 존재다.

이 사실을 망각하면 인생은 덧없이 지나갈 것이라는 원시의 암묵적인 두려움을 느낀다. 가질 수 있는데도 가질 수 없을 것 같고, 경험할 수 있는데도 경험할 수 없을 것 같은 두려움을 느낀다. 죽을 때 후회할 거라는 공포를 느낀다. 그런 두려움을 느끼면 "이렇게 되면 어쩌지?" 또 반대로 "이렇게 되지 않으면 어쩌지?"라는 물음을 항상 달고 살면서 불안을 느낀다. 불안한 삶을 생각하면 잠자리에 누워서도 그 생각이 머리를 떠나지 않고 대답할 수 없는 질문만 잇따른다.

평안하고 인내하고 만족하는 삶과는 정반대다. 받은 복을 헤아리기보다 가지지 못한 것에 집착한다. 다른 사람의 삶을 떠올리면서 자신에게 없는 것만 찾는다. 바르게 사는 삶이 아니라 비용 편익을 따지는 삶이 된다.

실질적 이기적 찰나주의의 두려움과 불안, 충동은 하나님을 의심하면서 한층 깊어진다. 하나님의 계획을 모르거나 그 계획에 따라 살지 않으면 선하신 하나님을 매 순간 의심한다. 하나님이 약속하신 축복을 지금 당장 받아서 누리는 것으로 오해하면, 현재를 최종 목적지의 준비 과정으로 여기지 않고 종착역으로 오해하면, 하나님이 존재하지 않는 것 같고, 나를 돌보지 않는 것 같고, 그분께 약속을 지킬 뜻과 능력이 없는 것 같다는 생각이 고개를 든다. 내가 현재 누리는 것으로만 선하신 하나님의 성품을 가늠하면 의심이 생길 수밖에 없다. 그리하여 하나님께 도움을 청하지도 않게 된다. 믿지 못할 존재에게 삶을 맡길 수는 없는 법이니까.

그렇게 되면 결국 경제생활이 파탄에 빠진다는 것을 굳이 말할 필요가 있을까? 영원 망각증에 걸리면 지나치고 무분별하게 소비한다. 내 인생이 지금보다 훨씬 크고 내가 이 땅에서 산 날수와 비할 수 없이 긴 삶으로 이어진다는 사실을 잊어버리면, 물질적이고 이기적으로 돈을 쓰게 된다. 정체성과 인생의 목적을 망각하면 영원한 유익보다 눈앞의 쾌락과 위로에 돈을 쓴다. 하나님의 영원한 계획을 기억하지 못하면 물건과 경험으로 마음의 갈망을 해소하려고 한다.

합리적인 경제생활은 오직 영원한 하나님 나라를 바라보고, 영원부터 영원까지 모든 것을 꿰뚫고 다스리시는 하나님이 나를 돌보신다는 사실을 믿어야 가능하다. 합리적인 경제생활은 하나님의 지혜와 성실과 타이밍과 현존과 공급을 믿어야만 가능하다.

물질로 만족을
누릴 수 있다?

물질적으로 존재하는 현세가 전부라면 물질적인 만족을 얻겠다는 생각은 타당하다. 그러나 물질세계는 평안과 안식을 누릴 수 있는 유일한 곳을 가리키는 커다란 손가락 역할을 할 뿐이다. 물질세계에서 성취하고 누리는 영광은 기껏해야 한시적이다. 예수님이 수많은 사람이 살아가는 이유로 삼는 이 세상의 보물이 덧없다고 말씀하신 것도 그런 뜻이었다. 예수님은 그런 보물은 도둑이 훔쳐 가고 좀먹고 녹슨다고 상기시키신다. 세상 보물에는 우리가 추구하는 변함없고 영원한 기쁨, 소망, 평안, 만족, 안식을 줄 힘이 전혀 없다는 것을 우리가 알기를 바라셨기 때문이다.

업적이나 재산, 경험은 사실 진짜 삶이 아니다. 하나님과 친밀히 교제하는 것만이 진정한 삶이다. 하나님은 생명이시고 하나님을 의지하는 모든 사람에게 생명을 주신다. 그 능력은 하나님께만 있다. 우리는 어리석게도 다른 걸 하나 더 사면, 다른 곳에 한 번 더 가면, 다른 걸 한 번 더 해 보면 만족할 것이라고 생각한다. '그것만 있으면' 하는 식의 삶이다. 그러나 산더미 같은 물건들은 불만의 기념비나 다름없다.

경험을 아무리 많이 해도, 아무리 많이 돌아다녀도 끝은 공허하다. 물질주의 세상에서 돈을 주고 인생을 사려고도 하지만 잘 안 된다. 남는 것은 비만, 중독, 부채, 낙망이지만 여전히 돈으로 인생을 살 수 있다는 거짓 희망의 끈을 놓지 않는다. 이는 내세를 '하나의 신학적 개념으로' 믿는 사람들의 실상이기도 하다. 우리는 믿는다고 고백하는 것과 실제 삶이 서로 맞지 않은 채로 살아간다.

지상낙원이

가능하다?

우리가 낙원을 갈망하는 존재로 태어났다면(물론 그렇다) 현세는 도래할 낙원을 준비하면서 기다리는 곳이라고 생각하거나 지금 이 순간을 낙원으로 만들려고(물론 불가능하다) 최선을 다해 노력할 것이다. 당신과 나는 문제가 많은 사람이고, 문제가 많은 사람들과 살아가고 있으며, 다른 사람들에게 낙원을 선사할 능력은 누구에게도 없다. 우리가 가는 모든 곳, 우리가 만지는 모든 것은 타락하고 훼손되었다. 하지만 구주를 믿는 사람에게는 낙원이 확실히 보장되었다. 우리가 갈망하는 낙원은 도래하고 있지만 바로 지금, 바로 여기서는 완전하게 경험할 수 없다.

하나님은 우리를 무너진 세상에서 살아가게 하신다. 우리는 무너진 세상을 사용해서 미래를 준비한다. 우리가 무너진 세상의 한복판에서 힘겹게 사는 것은 하나님의 훌륭한 계획의 걸림돌이 아니라, 그 계획의 중요한 일부다. 지금 하나님은 우리의 환경이 아니라 우리 자체를 바꾸고 계신다. 우리는 하나님이 은혜로 계획하시고 우리를 위해 값을 치르신 새로운 환경에 적응할 준비를 하고 있는 것이다.

간단히 말하면 우리는 낙원의 도래를 믿고 기다리든지, 지금 여기서 낙원을 직접 건설한다. 우리는 지금 여기서 낙원의 일부라도 찾으려고 물건에, 경험에, 새로운 장소에 돈을 쓰느라 바쁘다. 우리는 힘든 일에서 벗어나고, 자주 느끼는 허무감에서도 벗어나고 싶어 한다. 우리는 현세가 전부가 아니라는 것을, 결코 그럴 수 없다는 것을 본능적으로 느낀다. 우리는 무언가를 놓치고 있다는 것을 마음 깊은 데서 느낀다. 눈을 들어 먼 곳을 보면서 도래할 영광을 생각해야 하는데 영원 망각증 때문에 그렇게 하지 못한다.

도리어 낙원을 찾아 주변을 살피면서 지갑을 연다. 어떤 것도 낙원을 약속할 수 없으니 우리는 그다음에 살 물건이 낙원이기를 바라면서 계속 돈을 쓴다. 그러나 낙원은 어디에도 보이지 않는다. 결국 우리에게 남는 것은 필요 이상으로 사치스럽고 면적이 넓은 아파트, 교통수단이라기보다 부를 상징하는 고급차, 쓰지 않고 쌓아 두는 물건, 막대한 부채, 빈 지갑뿐이다. 우리가 돈을 주고 사려고 했던 낙원은 어디에도 없다. 물론 예산은 쓸모가 있다. 그러나 영원의 관점에서 돈을 다룰 때에만 그렇다.

돈 문제에서 우리 안에 존재하며 문화를 집어삼킨 실질적 이기적 찰나주의는 효력이 없다. 그 정신은 너무 많은 돈을 무분별하게 소비하도록 부추겨, 당신의 모든 투자가 끝내 공허함만 남게 만든다.

영생이 주는 자유

우리 삶에는 모순이 있다. 성경의 진리에 비추어 사는 것보다 머리로만 믿는 게 확실히 더 쉽다. 성경의 가르침대로 전부 완벽하게 지키며 사는 사람은 아무도 없다. 성경 신학의 목적은 성경 퀴즈에서 우승하는 게 아니다. 성경에는 더 심오하고 개인적인 과제가 있다. 자신을 숭배하고 피조물에서 구원자를 찾는 사람들이 은혜에 힘입어 창조주를 예배하고 생명은 하나님 안에만 있다는 것을 믿고 사는 사람들로 거듭나는 것이다.

당신이 변하고, 당신의 생활이 급진적으로 변하는 것, 그게 성경이 추구하는 목적이다. 완벽하게 변한 사람은 아직 아무도 없다. 다행히 하나님은 인내의 은혜로써 우리의 모순적인 모습을 있는 그대로 받아 주신다. 성경에 보면 모순적인 신자들이 곳곳에서 은혜를 누린다. 성경에서 유일하게 완벽한 영웅은 예수님뿐이시다! 그래도 우리는 풍성히 받은 은총을 의지해 날마다 더 일관성 있게 더 기쁘게 살아야 한다.

영원도 마찬가지다. 영생이 있다는 사실을 일상의 중심에 두고 '사는 것'보다, 영생을 믿는다고 '말하는 편'이 확실히 훨씬 쉽다. 나도 오랫동안 영생을 믿는다고 말해 왔다. 그러나 지금 이 순간 영생이 뜻하는 바를 다시금 곰곰이 생각해 보니, 그 진리가 정말 나를 해방시키고 정말 굳건히 보호한다는 것을 나는 지금껏 전혀 모르고 살았다.

하나님의 영생의 진리 자체는 은혜다. 그 진리로 나를 나에게서, 또 깨진 세상의 유혹에서 보호하신다. 영생의 진리가 비이성적인 경제생활에서 우리를 어떻게 보호하는지 살펴보자. 여기서는 생각의 마중물을 제시할 테니 스스로 더 깊이 생각해 보기를 바란다.

관심사의 폭이
넓어진다

영원한 삶이 있다는 것은 우리가 바로 지금, 바로 여기서 느끼는 욕구와 필요, 느낌보다 근본적으로 더 큰 것에 관심을 가지는 존재라는 뜻이다. 영원이 있다는 것은 계획을 세우고 실행하는 책임자가 따로 있다는 뜻이다. 우리는 책임자가 아니다. 우리 인생도 우리의 것이 아니다. 따라서 우리의 필요와 관심만 중요하게 생각하는 삶은 옳지 않다. 영원한 나라가 실재한다는 것을 인정하면 우리가 자주 빠지는 "내 돈으로 행복하게 잘살 거야"라는 인생관에서 벗어날 수 있다.

사람들은 연봉이 오르거나 세금을 환급받으면 왜 기뻐할까? 그 돈으로 가지고 싶었던 것을 사거나 가고 싶었던 곳에 갈 생각을 하니 행복하기 때문이다. 영원은 우리의 인생이 이 땅에서 보내는 세월보다 크다는 것과 그 인생을 다스리는 하나님의 영광을 우리에게 보여 준다. 그렇다면 필요와 욕구를 채우는 것 외에 돈을 쓰는 원대한 목적이 없다는 것은 비이성적이다. 인생이 더 큰 실재와 연결되어 있다면 돈도 더 큰 일에 투자해야 마땅하다. 우리가 받은 돈의 목적은 개인적인 용도보다 훨씬 더 크다. 당신은 돈을 개인적인 용도로만 쓰고 있지 않은가?

관점이
달라진다

영원한 나라가 있다는 사실은, 현세가 목적지가 아니라 최종 목적지로 가는 준비 과정이므로 현재를 우리가 머물 낙원으로 만드는 데 자원을 써서는 안 된다고 말해 준다. 이 땅에서의 삶이 전부라면, 이 땅이 최종 목적지라면 우리는 손에 잡히는 대로 안락과 쾌락을 추구하는 것을 목표로 삼아야 한다. 내세가 없다면 현세에서 즐겁게 사는 데 자원을 다 쓰는 게 옳다.

이 땅에서의 마지막 식사를 선택해야 하는 사람의 처지와 비슷하다. 최후의 식사로 잡곡밥과 브로콜리를 먹겠다고 말할 사람이 몇이나 있을까? 오히려 "이게 끝이라면 아무리 몸에 나빠도 가장 맛있는 걸 먹겠어"라고 말하지 않을까?

매 순간의 목표는 개인의 행복이 아니라 거룩하게 성장하는 것이다. 이 관점으로 돈을 쓴다면 우리의 소비 생활은 당장 어떻게 변할까? 당신은 목적지에 도착한 사람처럼 돈을 쓰는가, 도착을 준비하는 사람처럼 돈을 쓰는가?

진짜 만족을
찾는다

영생이 있다는 것은 하나뿐인 진짜 만족을 언제 어디서 누릴 수 있는지 알려 준다. 영원한 그 나라는 하나님이 계신 곳이므로 영광스럽고 만족스럽다. 그 나라를 생각하면 과소비는 어리석은 행동이고 세상에서 마음의 갈망을 채울 수 있다는 생각 역시 망상이다. 우리는 항상 어떤 만족을 찾아서 돈을 쓴다. 우리는 '그것만 있으면 행복할 텐데'라는 생각으로 돈을 많이 쓴다. 영원의 실재는 그런 생각에 어깃장을 놓는다.

물론 이 세상이 존재하는 이유에는 우리의 즐거움도 있지만, 세상 즐거움이 우리를 구원하지는 못한다. 모든 인간이 생명을 찾고 있지만, 하늘은 보지 않고 고개를 숙인 채 땅을 두리번거려서는 찾을 수 없다. 물질세계의 모든 영광은 우리에게 놀라운 영광의 하나님이 살아 계시다는 것을 알리는 역할을 한다. 하나님만이 우리 마음에 참만족을 주신다. 만족을 주는 영광스러운 내세는 어떤 장소에 있는 게 아니라 하나님께 있다. 죄는 더 이상 하나님과 우리 사이를 갈라놓지 못한다. 피조물은 더 이상 예배의 대상 자리를 놓고 하나님과 경쟁할 수 없다. 우리는 하나님과 영원히 연합할 때 비로소 만족을 누린다.

따라서 영원한 나라가 도래한다는 사실은 에덴 동산에서 처음 들었던 말 곧 생명의 주를 사귀지 않아도 생명을 얻을 수 있다는 그 교묘한 거짓말에서 우리를, 또 우리의 재물을 보호한다. 영생을 생각하면, 은혜로 받는 것을 돈으로 살 수 없다는 사실을 깨닫게 된다. 그럴 때 우리는 바랄 수 없는 것을 바라면서 불필요한 것을 가지려는 탐욕을 물리칠 수 있다. 당신은 돈으로 결코 살 수 없는 것을 살 수 있다는 헛된 희망을 가지고 돈을 쓰지는 않는가?

영원한 나라에 투자한다

영생이 있다는 것은 우리가 자원을 어디에 투자해야 하는지, 가장 큰 보상이 무엇인지 말해 준다. 예수님은 우리의 투자가 영원한 나라에 기초해야 한다는 지혜를 두 가지로 요약해서 말씀하셨다. "너희를 위하여 보물을 땅에 쌓아 두지 말라"(마 6:19). "이렇게 기도하라 …… 나라가 임하시오며 뜻이 하늘에서 이루어진 것같이 땅에서도 이루어지이다"(마 6:9-10).

영원의 관점에서 돈을 투자한다는 것이 무엇인지 간결하게 보여 주는 주님의 번뜩이는 두 가지 통찰이다. 땅에 보물을 축적하려고 자금을 투자하지 않는다. 금방 부러지거나 낡거나 도둑을 맞거나 썩거나 사라질 것에 자원을 쓰는 법이 없다. 창고 매장을 돌아다니며 쓸데없이 물건을 사지 않는다.

주기도문의 이면에는 예수님의 지혜로운 투자법이 담겨 있다. 주기도문의 첫 부분에서부터 우리가 하나님께 구하는 모든 것을 결정하는 요청들을 생각해 보자. "나라가 임하시오며 뜻이 …… 이루어지이다." 이것은 위로이자 부름이다. 하나님은 당신이 세우는 나라보다 훨씬 더 크고, 아름답고, 만족스러운 나라로 당신을 안내하신다. 그리고 당신은 인생과 자원을 당신의 나라보다 훨씬 더 큰 나라 일에 쓰라는 부름을 받는다.

필수품을 사는 데 돈을 쓰는 것은 잘못이 아니다. 건강 보험과 노후 자금에 투자하는 것도 잘못이 아니다. 그러나 '그것만' 하는 것은 잘못이다. "오늘 우리에게 일용할 양식을 주시옵고"라는 기도는 "나라가 임하시오며"라는 가장 중요한 기도를 먼저 한 뒤에야 나온다. 당신은 영원한 나라의 의의가 있는 일에 기쁘게 투자하는가?

가치관을

재정립한다

영생이 있다는 말은 가치관을 검토하고 정말 중요한 가치가 무엇인지 깊이 생각해야 한다고 일러 준다. 우리 모두는 가치관에 문제가 있다. 이 땅에서는 하나님이 중요하다고 말씀하시는 것에 가치를 두기가 무척 어렵다. 우리는 재물을 본래 가치보다 과대평가해서 마음의 관심과 충성, 투자를 재물에 바친다. 안락한 삶을 바라는 것은 잘못이 아니지만, 그런 삶에 마음을 바치는 것은 잘못이다. 아름다운 환경을 바라는 것은 잘못이 아니지만, 우리가 사는 장소의 물리적 아름다움에 마음을 바치는 것은 잘못이다. 여기서 도움이 될 만한 말은 그리스도가 말씀하신 "보물"이라는 표현이다.

우리가 중요하게 여기는 보물 가운데 절대적 가치가 있는 것은 드물다. "누군가에겐 쓰레기지만 다른 누군가에겐 보물이 될 수 있다"는 옛말도 그런 뜻이리라. 우리는 끊임없이 재물에 가치를 두고,

재물을 손에 넣으면 그것을 지키고 누리고 보호한다. 그러니까 알게 모르게 우리는 항상 중요하게 여기는 것에 돈을 쓴다. 하나님이 중요하게 여기시는 것을 중요하게 여기는 만큼만 우리는 지혜롭게 돈을 사용할 수 있다.

이미 내세에 이른 이들은 "난 명품 옷을 매일 입었지", "최고급 저택에서 살았어", "엄청난 부를 쌓았지"라고 말하면서 감사하지 않을 것이다. 영원의 관점에서 본다면, 지금 우리에게 매우 가치 있는 것이 그들에게는 전혀 가치가 없을 것이다. 그들이 진정 기뻐하는 것은 오직 구원이다. 우리 역시 그날이 되면 다른 게 아니라 하나님이 적을 섬멸하신 것, 약속을 지키신 것, 하시겠다고 한 일을 전부 이루신 것을 기뻐할 것이다.

내 마음에서는 여전히 가치관의 전쟁이 일어나고 있다. 때로는 가치관의 혼란을 느끼고 돈을 낭비하기도 한다. 그래서 나 역시 영원의 음성을 듣고 인생의 가치관을 다시 세워야 한다. 정말 중요한 데는 소홀히 하면서 영원한 그 나라에서는 가치가 없는 일에 많이 투자하는 행동도 멈춰야 한다. 당신의 소비 생활은 어떤가? 영원의 관점에서 가치관을 다시 세워야 할 필요가 있는가?

위험을

경고한다

영원한 나라가 있다는 말은 창조주를 예배하지 않고 피조물을 숭배하는 유혹에 빠질 위험을 경고해 준다. 이미 많이 말한 것이라서 여기서는 길게 쓰지 않겠다. 그러나 이것이 문제 중에서도 으뜸이라는 것은 꼭 언급해야겠다.

소비 생활은 예배와 같다. 하나님을 예배하는 소비 생활이 있고, 피조물을 숭배하는 소비 생활이 있고, 그 둘이 혼합된 소비 생활도 있다. 돈을 중립적으로 쓰는 사람은 아무도 없다. 우리는 늘 은행 계좌를 통해 예배한다. 그리고 우리는 소비 생활에서 종종 창조주를 예배하고 섬기는 대신 피조물을 숭배하고 섬긴다. 교회의 공식 모임에서 드리는 예배만 예배가 아니다. 우리는 매 순간 예배한다. 따라서 소비 생활도 예외는 아니다.

영원을 생각하면, 매 순간 인생의 모양과 방향을 결정하는 예배의 대상은 하나님밖에 없다. 피조물을 즐기면서 돈을 쓸 때도 창조주를 예배하면서 피조물을 즐기는 것이 옳다. 당신은 마음으로 누구를, 무엇을 예배하면서 소비 생활을 하는가?

은혜를
보장한다

영원한 나라가 실제로 있다는 사실은 돈 때문에 일어나는 마음 전투에 필요한 은혜를 보장한다. 우리가 주님과 영원히 살 곳이 보장되어 있다면 거기까지 가는 길에 필요한 모든 은혜도 보장되어 있다. 바꿔 말하면 영생이 보장하는 미래의 은혜는 현재의 은혜도 약속한다. 하나님의 은혜가 지금 여기서도 우리를 보호하지 못한다면 빛나는 구원의 소망인 내세를 어떻게 약속할 수 있겠는가? 영생은 '이미'와 '아직' 사이에서 우리만 힘겹게 영적 싸움을 하지 않는다는 것을 일깨운다.

하나님의 은혜는 바로 지금, 바로 여기에 있는 우리에게 무엇을 마련해 주는가? 바로 하나님이다! 은혜가 주는 최고의 선물은 하나님이다. 우리는 너무 약하고 몹시 궁핍해서 우리를 도울 수 있는 분은 하나님밖에 없다. 하나님은 성령으로 우리 안으로 들어오신다. 세상의 유혹뿐 아니라 훨씬 큰 위험에서도 우리를 구하신다는 뜻이다. 세상의 유혹보다 훨씬 더 위험한 게 무엇일까? 바로 방황하는 우리 마음이다.

하나님은 내 마음을 서서히 변화시켜서 나를 나에게서 구하신다. 우리는 사고방식이 변하고 더 새롭고 좋은 것을 갈망하게 된다. 하나님의 사랑은 우리의 가치관을 바꾼다. 우리는 하나님의 은혜에 힘입어 거절하고 피신한다. 우리가 돈과 싸워야 하는지 모를 때조차도 하나님은 우리를 대신해 돈과 싸우신다.

재정 문제를 해결해서 우리의 소망이 든든한 게 아니다. 우리의 소망이 든든한 이유는 하나뿐이다. 하나님이 우리 삶을 은혜로 덮으셨고, 그런 것들이 더 이상 필요 없을 때까지 멈추지 않고 우리를 용서하고, 바꾸시며, 우리에게 힘을 주시기 때문이다. 하나님은 재물이나 다른 어떤 것에도 우리를 빼앗기지 않으신다. 은혜가 싸울 힘을 주는데도 당신은 정체성을 망각하고 돈의 유혹에 굴복하는가?

소망을

준다

영원한 나라가 있기에, 우리가 돈을 완전히 잘못 썼을 때도 소망이 있다. 우리의 소망은 우리가 이룬 업적이 아니라 하나님이 이루신 일에 있다. 이 땅에서 우리는 맡은 돈을 지혜롭게 쓰지 못하고 계속 실패한다. 거짓말에 속아서 돈으로 살 수 없는 것을 사려고 한다. 하나님을 잊어버리고 예배할 가치가 없는 대상을 예배한다. 하나님이 맡기신 자원을 자주 부실하게 관리한다.

이렇듯 우리는 재물의 영역에서 완벽하지 못하다. 우리의 실적은 들쑥날쑥 고르지 않다. 그래서 하나님은 우리에게 은혜를 베푸신다. 우리에게 다른 희망이 없기 때문에 하나님은 독생자의 희생을 막지 않으셨다. 하나님의 율법을 알고 순종해도 우리는 계속 실수한다. 신학을 자세히 알아도 방황한다. 하나님의 임재와 약속을 알면서도 때로는 불충한다.

그러나 은혜가 있으면 하나님 앞에서 독선과 업적을 자랑하지 않는다. 은혜가 있으면 내세울 게 아무것도 없다는 것을 알아도 하나님의 얼굴을 피하지 않는다. 은혜가 있으면 재정 문제에서 자랑도 절망도 하지 않는다. 재정 문제가 아무리 커도 하나님의 은혜가 더 크다. 우리는 하나님의 사랑을 받으려고 돈을 쓰지 않는다. 하나님의 사랑이 우리의 소비 생활을 바꾼다. 우리가 아무리 실수해도 사랑의 하나님은 우리를 포기하시지 않는다.

내면에서 돈과 싸울 때 이 요점을 기억해야 한다. 영원한 그 나라에서는 어떤 사람도 영웅 대접을 받지 못한다. 칭찬과 영광은 오직 하나님의 몫이다. 천국에 있는 사람은 모두 하나님의 구원을 받아서 그곳에 있는 것이다. 당신은 돈 문제에서 독선의 위험(나는 돈 문제가 전혀 없다)이나 절망의 위험(나는 완전히 망했다)에 처해 있지는 않은가?

돈에 미친 세상에서 돈을 책임감 있게 사용하려고 한다면 이것을 기억하라. 지갑을 열 때마다 영원한 하나님 나라를 바라보고, 그 나라의 위로를 기뻐하라. 그 나라의 부름에 순종하여 돈을 사용하라.

재정관 바로 세우기

1. 실질적 이기적 찰나주의란 무엇인가? 당신의 삶과 선택에서 구체적인 예를 찾아서 말해 보라.

2. 영원한 하나님 나라가 실제로 있다는 사실은 당신의 소비 생활을 어떻게 바꾸는가? 당신은 영원의 관점에서 생각하고 행동하는가? 또는 당신의 관점은 대체로 '지금, 여기'에 갇혀 있는가?

3. 예수님은 "삼가 모든 탐심을 물리치라 사람의 생명이 그 소유의 넉넉한 데 있지 아니하니라"라고 경고하셨다(눅 12:15). 당신에게는 없으면 죽을 것 같은 물건이 있는가? 왜 그런가?

4. 즉각적인 낙원을 추구하는 게 왜 허망한 일인가? 그런 일을 경험한 적이 있는가? 구체적으로 말해 보라.

5. 영원한 하나님 나라가 존재한다는 것은 비이성적인 경제생활에서 우리를 보호하는 역할을 한다. 영생이 있다는 사실이 당신을 어떻게 보호했는지 다음 항목에 따라 설명해 보라.

- 관심사의 폭이 넓어진다
- 관점이 달라진다
- 진짜 만족을 찾는다
- 영원한 나라에 투자한다
- 가치관을 재정립한다
- 위험을 경고한다
- 은혜를 보장한다
- 소망을 준다

말씀으로 변화되는 마음

- 전도서 3장 9-11절

9장 우선순위 바로잡기

'하나님의 후하심'을 힘입어 지갑을 열라

사람이 자아도취에 빠져 이기적으로 사는 죄를 지으면 경제관념과 소비 생활 역시 어긋나 버린다. 재정 문제에서 우리의 희로애락은 대부분 돈으로 할 수 있는 일과 할 수 없는 일에 좌우된다. 우리는 돈 생각을 하면 가장 먼저 내가 쓸 생각부터 한다. 내가 필요한 것, 내가 원하는 것, 내가 꿈꾸는 것, 전부터 해 보고 싶었던 것 등을 생각한다. 그렇다고 우리가 전혀 너그럽지 않다는 말은 아니다. 말하자면 '나의 이해득실'이라는 장편영화에서 내가 아낌없이 베푸는 장면은 아주 잠깐 스쳐 지나가는 장면에 불과하다는 뜻이다.

이 장을 쓰면서 아낌없는 베풂을 깊이 생각했고, 내가 아직 갈 길이 멀다는 것을 깨달았다. 이기적으로 낭비하는 소비 습관을 인정할 수밖에 없었고, 심지어 너그럽게 베풀었던 순간조차 인색했다고 느껴졌다. 아주 가난하게 생활했던 목회 생활 초기에 나는 근근이 산다는 핑계로 베풂이 불가능하다는 망상에 젖어 있었다. 그러나 가난에서 벗어난 지금 다시 보니 그 핑계는 사실 거짓말이었다.

이 장에서는 주제문을 여기서 미리 밝히고 나서 자세한 내용을 차차 이야기해 볼까 한다. 성경은 아낌없는 베풂의 이야기다. "하나님이 세상을 이처럼 사랑하사 독생자를 주셨으니"(요 3:16). 이 이야기의 핵심을 가장 잘 포착한 문장이다. 우리 인생과 마음에서 돈을 적절하게 관리한다는 것은 예산을 잘 세우고 부채가 없는 수준이 아니다. 성경의 기준은 훨씬 더 높다.

우리 마음에서 축재(築財) 문화가 베푸는 문화로 바뀌고, 받는 것보다 주는 것이 더 기쁠 때 돈을 적절하게 관리한다고 말할 수 있다. 인생에서 돈의 주요 목적은 나를 살리는 게 아니라 하나님이 내게 아낌없이 베푸신 것처럼 남을 살리는 것이 아닐까? 훌륭한 예산과 합리적인 소비 생활을 하는 것보다 근본적으로 더 중요한 무언가가 필요한 것이 아닐까? 우리에게 정말 필요한 것은 복음이 말하는 돈의 목적을 새롭게 이해하는 것이 아닐까? 십일조만 하면 된다는 생각은 복음이 말하는 하나님의 경제에서 돈의 요점을 전혀 몰라서가 아닐까? 재정 생활의 진정한 변화는 넓은 복음서 전체에서 따온 돈에 관한 몇 구절이 아니라 우리의 씀씀이의 목표를 정한 그리스도 예수님의 복음에서만 시작하는 것이 아닐까?

후히 베푸시는 하나님

아낌없는 베풂의 렌즈로 성경을 찬찬히 읽어 보면 우리 주님이 얼마나 후하신지 깜짝 놀란다.

자연

자연의 놀라운 선물을 어떻게 다 말할 수 있을까? 아름다운 석양, 색깔과 모양과 크기가 다 다른 동물들, 아름다운 꽃 한 송이, 장관을 이루는 거대한 나무, 나뭇잎 위로 후드득 떨어지는 빗줄기, 저마다 다른 사람의 음색, 향과 맛이 다 다른 수많은 향신료, 연인의 달콤한 입맞춤, 웅장한 산맥. 우리가 받은 복은 형언할 수 없다. 하나님은 경이롭고 아름다운 자연을 창조하셨을 뿐 아니라 그 자연을 사람이 터를 잡고 살아갈 곳으로 지정하시고, 사람에게는 세상을 느끼고 누릴 감각을 허락하셨다.

아낌없는 베풂은 성경의 부름에 어쩔 수 없이 의무적으로 시작하는 게 아니라, 자연을 선물로 주신 후하신 하나님을 경외하는 데서 시작한다. 자연은 무척 복잡하고 다층적이며 아주 경이롭고 즐겁다. 그래서 우리는 여전히 자연의 신비를 다 모르며, 새로운 사실과 기능을 계속 발견해 가고 있다. 사람이 건설한 콘크리트 정글에서 벗어나 평화를 맛보고 싶을 때면, 자연으로 달려가 그 아름다움에 안겨 넋을 잃는다. 이처럼 자연은 후한 선물이다.

그러나 그게 전부가 아니다. 하나님은 세상을 창조하실 때 하나님을 알 수 있는 장치도 마련하셨다. 가장 귀한 자연의 선물은 하나님의 존재와 성품이 자연 자체에 나타난다는 것이다. 만물이 아낌없이 베푸시는 하나님을 모든 사람에게 보여 준다.

언약

하나님이 아브라함에게 했던 놀라운 말을 들어 보자. "내가 너로 큰 민족을 이루고 네게 복을 주어 네 이름을 창대하게 하리니 너는 복이 될지라 너를 축복하는 자에게는 내가 복을 내리고 너를 저주하는 자에게는 내가 저주하리니 땅의 모든 족속이 너로 말미암아 복을 얻을 것이라"(창 12:2-3).

하나님이 창조하신 세상, 하나님이 주인인 세상에는 이제 우상을 숭배하는 이기적인 사람들이 사는데, 전 세계는 차치하고 하나님은 왜 굳이 한 사람에게 복을 주려고 하셨을까? 아브라함 역시 우상 숭배자였다. 하나님을 생각하고 살았던 사람이 아닌데도 하나님은 그를 만나 영원한 언약을 맺으셨다. 아브라함의 인생의 방향뿐 아니라 인류 역사의 방향까지 바꿀 언약이었다. 일반적인 사고방식으로는 설명할 수 없는 언약이었다. 우리의 인품이 아니라, 하나님의 성품 때문에 그 엄청난 언약을 맺으셨다.

아낌없는 베풂이란 그런 것이다. 받는 이가 선해서가 아니라 주는 이의 마음이 선하기 때문에 가능한 일이다. 하나님이 아브라함에게 그렇게 멋진 약속을 하신 것은, 그분이 놀랍도록 너그러우시기 때문이다. 하나님이 우상을 숭배하는 변덕스러운 인간을 대하는 방식은 하나님의 임재와 약속의 복을 한없이 베푸는 것이었다. 사람은 그 축복과 약속을 하나라도 받아 낼 자격이 없다. 하나님의 언약의 축복과 약속은 아낌없이 베푸시는 하나님의 후한 성품을 보여 준다.

자유

모세를 일으켜 세우고 자연의 힘을 이용해 아브라함과 그 후손에게 하신 약속을 지키신 것은 하나님의 관대한 사랑이다. 주님의 베푸심과 우리의 베풂이 어떻게 다른지 생각해 보자. 우리는 종종 서로 베풂의 약속을 하지만 딴 일을 하느라, 피곤해서, 관심이 식어서, 아예 잊어버려서, 또는 처음부터 불가능한 약속이라서 약속을 지키지 않기 일쑤다. 우리의 베풂은 변덕스럽지만 주님은 그러지 않으신다.

하나님은 신실하시고 오래 참으시기에 절대 약속을 잊어버리거나 저버리시는 법이 없다. 그래서 주님은 너그럽고 신실한 마음으로 전무후무한 전능을 발휘해 막강한 바로의 군대를 무찌르고 잡혀 있던 자녀들을 구원하셨다. 하나님은 아낌없이 베풀겠다 약속하셨고, 능력을 아낌없이 써서 약속을 지키셨다.

율법

이스라엘 백성은 노예 생활에서 풀려났지만, 가난하고 마음의 상처가 깊었으며, 힘이 없고 무질서했고 문화는 분열했다. 후하신 하나님은 그들에게 새 삶을 주었지만 그들은 여전히 어떻게 살아야 하는지를 몰랐다. 그래서 하나님은 그들에게 아주 멋지고 실용적인 '율법'이라는 축복을 주셨다. 그 선물을 받고도 그들은 하나님에게서 마음이 떠났다. 그럼에도 불구하고 하나님은 또다시 선물을 주셨다. 진정한 베풂이란, 받는 이의 마음을 보고 주는 게 아니라 주는 이의 마음에서 우러나는 것이라는 진리를 보여 주는 대목이다.

베풂은 연민과 이해에서 나온다. 하나님은 이스라엘의 주인이시므로 예배와 순종을 요구할 권리와 권위가 있었지만 그렇게 단순하게 설명할 문제가 아니다. 하나님은 큰 바다와 같은 사랑으로, 혼란과 상실에 빠진 백성에게 하나님 앞에서 사는 법, 사람들과 더불어 사는 법, 갈등을 해결하는 법, 외국인과 주변 나라를 상대하는 법, 식품법, 상법, 예배하는 법, 재판하는 법을 비롯한 수많은 법을 주셨다. 하나님은 누구에게 권위가 있는가를 보여 주는 방식이 아니라 사랑을 아낌없이 베푸는 방식으로 율법을 주셨다.

약속의 땅

약속의 땅에서 돌아온 정탐꾼들은 "우리의 하나님 여호와께서 우리에게 주시는 땅이 좋더라"라고 보고했다(신 1:25). 이스라엘 백성은 감사의 환호성을 질렀을까?

하나님은 약속을 지키셨다. 그들은 정착할 곳이 생겼을 뿐 아니라 그곳은 그들이 번창할 수 있는 옥토이기도 했다. 그러나 이스라엘 백성은 환호성을 지르지 않았다. 그들보다 장대한 사람들이 이미 그곳에 살고 있었고, 성들은 견고했다. 하나님의 백성은 공포와 분노에 사로잡혀서 대신 싸워 주시겠다는 하나님께 도리어 맞섰다. 그럼에도 하나님은 그들에게 약속의 땅을 허락하셨고 강한 능력으로 적을 무찌르셨다.

훗날 그곳에는 왕궁과 성전이 들어설 것이고, 후손들은 번영의 나라에서 태어날 것이었다. 여기서 우리는 하나님이 어떤 경우든 약속을 지키실 뿐 아니라 오래 인내하신다는 것도 알 수 있다. 이스라엘 역사를 다시 읽으면서 나는 시내산에서 우상을 섬기는 그들의 모습에 넌더리가 났지만, 주님은 다르셨다.

주님은 친절하시고 신실하셨다. 순간순간의 상황에 반응하시지 않고, 미래를 보면서 아낌없이 베푸셨다. 주님의 베푸심은 현재의 선물이자 유산을 만드는 투자다. 주님은 변덕스럽고 소심한 이스라엘을 버리시지 않았다. 결국 이스라엘에서 가장 후한 선물이 나올 것이기 때문이다. 그리고 그 선물이 모든 신자의 삶을 바꾸었다.

성육신

요한복음 3장 16절에 아낌없는 베푸심의 뜻이 가장 잘 담겨 있다.

"하나님이 세상을 이처럼 사랑하사 독생자를 주셨으니."

세상은 죄 때문에 무너져 폐허로 변해 신음하며 하나님의 뜻대로 움직일 수 없게 되었다. 세상에는 자신만 생각하는 죄인들이 하나님의 존재와 영광에 노골적으로 반역하면서 살고 있지만, 하나님은 공의로운 심판으로 세상을 파괴하신 뒤 새롭게 시작하는 방법을 쓰지 않으셨다. 하나님의 대응은 놀랍도록 너그러워서 우리 머리로는 도저히 이해할 수 없다. 하나님은 의분을 참지 못하고 벌을 내리는 대신 구원의 사랑을 베푸셨다. 타락한 세상과 사람들을 구원할 유일한 선물, 독생자 예수를 선물로 주셨다.

예수님의 탄생은 축복과 동시에 고난을 상징했다. 천사들은 노래할 수밖에 없었다. 그런 선물을 받은 적이 없었기 때문이다. 그 선물에는 세상을 영원히 바꿀 힘, 사람들이 하나님과 화해하고, 죄가 할퀸 세상이 이전의 영광을 되찾을 수 있는 힘이 있었다. 칭송을 받을 만한 그 어떤 선물보다 뛰어난 선물이었다.

그러나 예수님의 탄생은 고난의 상징이기도 했다. 예수님의 요람은 왕의 요람이 아니었다. 화려한 원목 가구도 없고 비단으로 만든 천도 없고 푹신한 이불도 없었다. 예수님은 헛간 동물들 틈에 놓인 여물통 안에 누워 계셨다. 여기서 우리는 아낌없는 베풂이란 자발적인 희생과 같다는 사실을 마주한다. 만왕의 왕이 기꺼이 고통을 감수하셨다. 이 방법 외에는 오래전부터 아낌없이 베풀겠다고 하신 약속을 지킬 방법이 없었기 때문이다. 아낌없는 베풂은 기쁨이지만 어느 정도 희생을 감수해야 한다. 구주 예수님의 놀라운 선물도 마찬가지였다.

십자가와 용서의

은혜

그야말로 아낌없는 베푸심을 가장 잘 설명하는 내용이다. 그 어떤 것도 그리스도가 우리를 위해 기꺼이 억울한 고난과 고초, 죽음을 당하신 일과 비교할 수 없다. 사람들은 그분의 현존을 무시하고 그분의 영광을 가로채고 신적 권위에 맞섰는데, 그런 일을 당하신 하나님이시자 동시에 완벽한 사람이신 그분이 그들을 대신해 벌을 받는 것보다 더 너그러운 일이 또 있을까? 그러나 예수님은 기꺼이 즐거이 그 일을 하셨다. 아낌없는 베푸심이란 본전 생각을 하거나 억지로 하지 않는 것이고, 의무감이 아니라 기뻐서 하는 일이다.

포용하는 사랑

우리 주님은 다정하고 너그러운 사랑으로 당신과 나를 가족으로 받아 주셨다. 주님의 아낌없는 베푸심 덕분에 우리는 죄책감과 수치감, 형벌에서 풀려난 기쁨을 누리는 데서 더 나아가 하나님의 자녀라는 새로운 정체성을 입는 완전한 권리와 특권까지 받았다. 하나님은 더 이상 무서운 심판자가 아니라 우리를 사랑으로 받아 주시는 아버지시다. 죄악에 물든 우리는 결코 하나님의 가족이 될 수 없었다. 하나님의 아낌없는 베푸심 덕분에 가능한 일이다.

성경과 교회

하나님은 지혜와 권능으로 우리를 지도하고, 보호하시며, 변화의 은혜를 아낌없이 베푸신다. 성령은 성경과 교회의 가르침으로 우리를 인도하신다. 교회를 통해 우리를 격려하고 위로하고 보호하고 지도하시며, 우리가 성숙한 인품을 기르도록 이끄신다. 그리하여 우리는 하나님이 뜻하신 사람으로 자라고, 하나님은 뜻하신 일을 하는 데 필요한 모든 것을 넉넉하게 공급하신다.

일상의 은혜

이토록 놀랍고 큰 선물을 받았는데도 우리 마음은 여전히 갈팡질팡 변덕을 부린다. 하나님을 잊고 나 중심으로 살며 허영을 부린다. 하나님의 지혜로운 법을 보란 듯이 어기기도 하고, 우상을 따르고 싶은 유혹에 흔들리기도 한다. 하나님이 하신 일을 내 힘으로 한 것처럼 자랑하기도 하고, 심지어 하나님이 주신 것에 불평하기도 한다.

그래도 하나님은 화를 내면서 우리를 벌하지 않으신다. 너그럽게 참으시며 은총을 베푸신다. 날마다 새로운 은혜를, 저마다 다른 시험과 유혹과 기회와 책임에 꼭 알맞은 은혜를 넉넉히 베푸신다. 우리는 하루라도 만왕의 왕이 너그럽게 베푸시는 은혜의 축복을 받지 않는 날이 없다.

영원한 나라

하나님은 지금 여기에서 영적인 부를 넉넉히 베푸실 뿐 아니라 상상을 뛰어넘는 풍성한 내세로 우리를 초대하신다. 하나님은 품이 넓은 사랑으로 새 하늘과 새 땅의 문을 활짝 열어 우리를 부르신다. 그곳은 죄악도 고통도 슬픔도 없으며, 우리가 하나님과 사람들과 더불어 영원히 평화롭게 지낼 곳이다.

위대한 구원 이야기는 그 자체가 세상에서 가장 아름답고 중요한 베풂의 이야기다. 곧 우리 주님이 아낌없이 베푸시는 왕이라는 사실에 삶과 죽음의 소망이 있다는 말이다. 우리 왕은 독생자를 보내어 사랑, 은혜, 용서, 일상의 은총이 넘치고 우리의 필요를 성실히 공급하는 나라를 세우셨다. 따라서 하나님이 재물을 쌓기만 하지 말고 그 나라를 찾으라고 우리를 불렀다는 것은, 물질적인 것보다 영적인 것에 가치를 두기만 하지 말고 아낌없는 베풂에 동참하라는 뜻이다. 신실한 그리스도인들이 돈과 경제, 예산을 보는 방식에 베풂이라는 복음의 신학이 빠져 있다.

돈에 관해 논의할 때 베풂이라는 복음의 신학을 생각하지 않는다면 "하나님이 맡기신 자원을 어떻게 쓸 것인가? 어떻게 빚을 지지 않을 것인가? 사업 거래 의무를 어떻게 수행할 것인가? 재정 안정을 어떻게 유지할 것인가? 노후 자금을 어떻게 마련할 것인가? 어떻게 십일조를 낼 것인가" 같은 주제에 갇힌다. 물론 이것은 다 유익한 일이지만, 우리가 하나님의 대사로 부름받아 해야 할 일이 여기에 빠져 있다. 일반적인 계획에는 실질적인 복음의 관점과 목표가 없고, 그렇기 때문에 하나님의 원대한 복음 사명보다는 개인이 쓸 돈의 용도만 생각한다.

재정 생활에서 주객이 전도된 것은 아닐까? 많은 사람들이 하나님이 마음껏 쓰라고 돈을 주셨으니 자기가 충분히 쓰고 남으면 그때 남을 돕는 거라고 생각한다. 성경의 가르침은 하나님이 우리에게 물질적 부를 허락하시는 주목적이 아낌없는 베풂에 동참하고 그러고도 돈이 남으면 우리가 마음껏 쓰라 하시는 것이 아닐까? 마태복음 6장 19-34절을 보면 개인 용도에 집착해서 재물을 축적하는 것과 하나님 나라를 구하는 것이 뚜렷하게 비교된다. 예수님은 합리적인 경제생활은 필요한 것을 공급하시는 하늘 아버지가 있다는 믿음에서 시작한다고 가르치셨다. 먹고사는 걱정은 우리 몫이 아니라 하나님 몫이라는 급진적인 메시지다.

하나님은 성경 전체에 걸쳐 우리가 필요한 모든 것을 마련하시겠노라 약속하신다. 몇 구절만 살펴보자.

> 나의 하나님이 그리스도 예수 안에서 영광 가운데 그 풍성한 대로 너희 모든 쓸 것을 채우시리라(빌 4:19).

> 그러므로 염려하여 이르기를 무엇을 먹을까 무엇을 마실까 무엇을 입을까 하지 말라 이는 다 이방인들이 구하는 것이라

너희 하늘 아버지께서 이 모든 것이 너희에게 있어야 할 줄을 아시느니라(마 6:31-32).

너희가 악한 자라도 좋은 것으로 자식에게 줄 줄 알거든 하물며 하늘에 계신 너희 아버지께서 구하는 자에게 좋은 것으로 주시지 않겠느냐(마 7:11).

까마귀를 생각하라 심지도 아니하고 거두지도 아니하며 골방도 없고 창고도 없으되 하나님이 기르시나니 너희는 새보다 얼마나 더 귀하냐(눅 12:24).

까마귀 새끼가 하나님을 향하여 부르짖으며 먹을 것이 없어서 허우적거릴 때에 그것을 위하여 먹이를 마련하는 이가 누구냐(욥 38:41).

젊은 사자는 궁핍하여 주릴지라도 여호와를 찾는 자는 모든 좋은 것에 부족함이 없으리로다(시 34:10).

하나님이 우리 어깨에서 먹고사는 걱정을 더시고 직접 책임을 지겠다 하신다. 덕분에 우리는 돈을 개인 용도보다 더 높은 목표에 쓸 자유가 생겼다. 하늘 아버지는 우리에게 필요한 모든 것을 알고 공급하겠노라 약속하셨다. 그러므로 우리는 하나님의 넉넉한 베푸심에 힘입어 이기적인 소비 생활에서 벗어나 아낌없는 베풂에 동참할 수 있다. 하나님은 기꺼이 베푸는 사람을 사랑하신다. 우리는 모두 하나님 형상대로 지음받은 사람이기 때문이다. 우리는 아낌없이 베풀 때마다 후하신 하나님을 높일 뿐 아니라, 그분을 다른 사람들에게 전할 수 있다.

앞서 보았듯이 우리의 경제생활에서 하나님의 목표는 우리의 개인적 필요와 용도보다 하나님 나라의 원대한 부름을 먼저 좇는 것이다. 그 순서가 바뀌면 하나님의 후한 베푸심을 기뻐할 수 없고, 남에게 베푸는 삶을 살 수도 없다. 가장 먼저 나를 위해 돈을 쓰면 내 필요와 바람과 요구의 끝없는 순환에서 절대 빠져나오지 못한다. 자신을 위해서만 돈을 쓰게 되고 개인의 소비 생활에 하나님을 끼워 맞추려고 한다. 하나님 나라를 먼저 구하고 우리가 쓸 것을 하나님이 신실하게 공급하시는 것을 믿기보다 개인의 안녕을 먼저 추구하고 남는 게 있으면 하나님 나라에 바친다.

청구서 납입금을 연체하고 장보기를 아예 하지 말라는 말이 아니다. 씀씀이를 반성하고 우선순위를 정확하게 지키자는 말이다. 고린도후서 5장 14-15절을 보면 사람들이 “다시는 그들 자신을 위하여 살지 않게” 하려고 예수님이 오셨다고 말한다. 죄의 DNA는 이기주의이므로 우리는 자신의 필요('자신'이 필요하다고 '생각하는' 것들) 수시로 바뀌는 자기 감정에 따라 돈에 관한 생각과 욕구, 결정을 좌우하고 싶은 유혹을 강하게 느낀다. 많은 경우 돈이 문제가 되는 이유는 이기주의라는 죄 때문이다. 더 나아가 자아의 나라가 항상 하나님 나라를 상대로 지갑을 차지하려고 해서다.

인생의 여느 일과 마찬가지로 우리는 건전한 재정 원리와 원칙 말고도 더 많은 게 필요하다. 정말 필요한 것은 구원과 순종이다. 나를 나에게서 구원할 능력이 있으시며 동시에 기꺼이 은총을 베푸시는 구주의 손을 잡아야 한다. 그리고 나와 돈에 관한 구주의 지혜와 사랑의 계획에 따라야 한다. 십일조 항목이 들어간 예산은 훌륭하지만 그 예산의 바탕이 여전히 내 사리사욕이라면 우리는 그 예산에도 만족할 수 없다.

새로운
패러다임

재정에 관한 사고방식이 완전히 새롭게 변해야 한다. 복음의 이야기와 하나님이 아낌없이 베푸시는 은혜를 기반으로 하는 사고방식으로 말이다. 그 사고방식을 가장 선명하게 보여 주는 그림은 '주 예수'라는 놀라운 선물이다. 하나님은 예수님의 삶과 죽음, 부활을 통해 나를 '나'라는 굴레(언제나 내 이해타산과 관심사가 먼저라는 점에서)에서 해방시키셨다. 그러므로 우리는 자유인으로서 하나님 안에서 정체성과 의미와 목적을 찾을 수 있다.

하나님은 성경에 담긴 아낌없이 베푸는 더 큰 이야기 안으로 들어가 경제생활을 하라고 우리를 다독이신다. 우리의 (욕망이 아니라) 필요를 채워 주겠다고 약속하신 사실을 믿고, 은혜의 운동에 참여하라는 부름을 받아들이라는 뜻이다. 우리는 이제 '개인의 쓰임새'라는 렌즈가 아니라 하나님의 '아낌없는 베푸심'이라는 렌즈로 돈을 본다.

에베소서 4장 28절에 나타나는 근본적인 전환이 그런 것이 아닐까? 본문을 천천히 읽어 보자. "도둑질하는 자는 다시 도둑질하지 말고 돌이켜 가난한 자에게 구제할 수 있도록 자기 손으로 수고하여 선한 일을 하라." 절도를 그만두고 (하나님과 다른 사람들에게) 베풀며 살도록 노동을 시작하라는 말이다. 이기적인 도둑에서 이기적인 노동자가 되라는 말이 아니다. 하나님의 은혜는 인품에 급진적인 변화를 일으키고, 돈을 축재의 수단이 아니라 베풂의 수단으로 보게 하는 힘이 있다.

하나님이 우리에게 허락하시는 돈은 눈에 보이지 않는 하나님의 너그러움을 드러나게 하는 수단이다. 그리고 우리는 하나님의 넉넉한 공급의 은혜를 만천하에 알리는 대리인이다. 우리는 어려운 사람들을 실질적으로 돕는 하나님의 손이다. 우리는 아낌없이 베푸는 사랑과 은혜의 하나님 나라 일에 자금을 대는 주요한 투자자다.

둘만의 시간이 필요한 부부에게 주말여행을 다녀오라고 약소하지만 여행비를 건네는 것, 선교여행을 떠나는 청년에게 헌금하는 것, 어려운 학생에게 장학금을 주는 것, 별안간 가장이나 수입원을 잃은 가족에게 생활비를 선물하는 것은 모두 하나님의 선하고 너그럽고 자비로운 일하심에 동참하는 길이다.

하나님은 우리가 하나님을 이해할 수 있게 이성을 주시고, 하나님을 사랑할 수 있게 감성을 주신다. 마찬가지로 하나님은 우리에게 아름다우신 하나님의 후한 은혜를 전하라고 돈을 주신다. 하나님은 먼저 나를 위해 쓰고 남으면 하나님께 바치는 식의 소비 생활을 멈추고, 하나님을 예배하고 섬기는 아낌없는 베풂의 삶에 투자하는 것이 돈의 주목적임을 받아들이라고 한다. 주님의 놀라운 베푸심을 늘 인정하는 사람들이야말로 지상에서 가장 기쁘게 베푸는 공동체가 되지 않을까? 우리가 축복을 아낌없이 받았으니 역시 아낌없이 베풀어야 하지 않을까? 인색한 축재의 기쁨을 누리기보다 아낌없이 베풀며 살아야 하지 않을까?

신실하신 은혜의 하나님이 계속 나를 내 자신에게서 해방시키시고, 이기주의의 굴레에서 내 지갑을 해방시키시길 기도한다. 우리가 한없이 후하신 구주를 자유롭게 널리 알리는 경제생활을 하길 기도한다.

재정관 바로 세우기

1. 자연에 나타난 하나님의 넉넉한 베푸심은 장대한 영광으로 우리를 압도하고, 우리 마음을 감사로 채운다. 시편 기자는 이것을 어떻게 표현했는지 시편 104편을 읽어 보라.

2. 창세기 12장 2-3절, 출애굽기 6장 2-8절, 34장 10-35절, 히브리서 8장 3-13절을 읽어 보라. 하나님의 아낌없는 베푸심은 그분의 백성과 맺은 언약에서 어떻게 나타나는가?

3. 아래 각 영역에서 하나님이 아낌없이 베푸신 것을 말해 보라.

- 율법
- 성육신
- 십자가
- 성경
- 교회

4. 하나님이 은혜를 베푸셨다고 말하는 것이 옳은 이유가 무엇인가?

5. "재정에 관한 사고방식이 완전히 새롭게 변해야 한다. 복음의 이야기와 하나님이 아낌없이 베푸시는 은혜를 기반으로 하는 사고방식으로 말이다. 그 사고방식을 가장 선명하게 보여 주는 그림은 '주 예수'라는 놀라운 선물이다." 이 문장을 읽고 어떤 느낌을 받았는가?

말씀으로 변화되는 마음

- 시편 34편 8-10절
- 마태복음 7장 7-11절
- 요한복음 3장 16절
- 고린도후서 5장 14-15절
- 에베소서 4장 28절
- 빌립보서 4장 14-19절

에필로그 **용기와 결단**

'은혜 향기'가 풍겨 나는 재정 생활의 시작

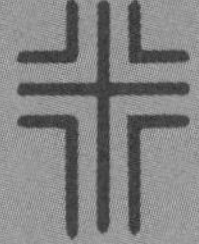

존은 원망과 실의에 잠겨 내 앞에 앉아 있었다. 존은 평생 피해만 입으며 살았다고 생각했다. 주변에 너무도 많은 부자들을 미워했고 하나님이 선하시다는 믿음을 아주 오래전에 포기했다. 존은 나를 처음 만난 날 대뜸 말했다. “내가 상담을 받으러 온 건 아내 때문입니다. 상담을 받지 않으면 헤어지겠다고 했거든요. 하지만 하나님 얘기는 듣고 싶지 않습니다.”

존은 빚이 아주 많았다. 성인이 된 후로 계속 빚을 지고 살았다. 존은 한 번도 원하는 수준의 월급을 받는 일을 구할 수 없었고, 그 일로 분노가 쌓였다. 돈이 없어서 번듯하게 살 수 없다는 데 화가 났다. 장기 근속할 수 있는 직장을 구할 수 없어서 미칠 지경이었다. 인생이 평탄치 못해서, 그래서 결혼 생활도 순탄하지 못한 것이 너무 싫었다. 세월이 지날수록 가족을 짓누르는 가난과 부채, 무거운 스트레스 때문에 존의 신앙은 서서히 무너졌다. 처음에는 주님을 멀리하다가 이런저런 핑계를 대면서 교회에 가지 않았고 결국 하나님의 보살핌이나 도움을 믿지 않았다.

존의 이야기를 들으면서 연민을 느꼈다. 존은 힘든 삶에 지쳤고, 실망이 컸다. 가정은 파탄 직전이었다. 그러나 존의 이야기를 들으면 들을수록 기가 막히기도 했다. 존이 유일하게 비난하지 않는 사람이 있었으니 바로 자신이었다. 존이 해석하는 인생 드라마에서 자신은 모든 상황의 피해자였다. 존은 자기 선택에 책임을 지겠다고 나를 찾아온 게 아니었다. 사실 부인이 협박하지 않았다면 나를 만나러 오지 않았을 것이다. 내 말이 듣기 싫어서 상담을 그만두는 바람에 더 이상 만나지 못하지만 이 책을 쓰면서 존이 떠올랐다. 존처럼 냉소적이고 화를 내는 사람은 드물지만 우리 대부분은 자신이 생각하는 것 이상으로 존과 비슷하다.

그래서 이 책의 메시지를 정리하고 적용하는 방법으로 존이 힘들었던 일이나 이해하지 못했던 일들을 살펴보면 좋을 것 같다. 존뿐 아니라 우리에게도 해당하는 일을 여섯 가지로 나누어 살펴보겠다.

돈 문제는 언제나 '마음'과 관계가 있다

소비 생활을 결정하는 것은 소득 수준이 아니라 언제나 마음속 욕망이다. 애초에 돈으로 살 수 없는 것을 사려고 하는 만큼, 딱 그만큼 돈을 신중하고 분별 있게 사용하기가 어려워진다. 돈으로는 마음의 만족을 구할 수 없다. 돈으로는 평안과 행복을 구할 수 없다. 돈으로는 아침에 일어날 이유를 만들 수 없다. 돈으로는 슬픈 마음을 위로할 수 없고, 낙심한 마음에 희망을 줄 수 없다. 돈으로는 생명을 줄 수 없고, 돈에는 원래 그런 용도가 아예 없다. 그런 것을 바라면서 돈을 쓰면 늘 문제가 생긴다.

존은 의식적으로나 무의식적으로 돈을 구원자로 믿었다는 사실을 알지 못했다. 존은 행복의 꿈을 좇아서 계속 돈을 썼다. 항상 "그것만 있으면"을 읊으며 그다음 물건을 소비하지만, 행복은 늘 신기루처럼 잡히지 않았다. 존의 빚더미는 점점 더 쌓여만 갔다. 돈으로 할 수 없는 일을 하려고 하면 곧 마음의 만족을 얻으려고 하면 있지도 않는 돈을 쓰게 되고, 결국 수입보다 지출이 더 늘어났다. 부채가 있다는 것은 소득이 아니라 욕망이 소비를 좌우한다는 뜻이다. 당신은 어떤 마음의 문제가 돈 문제를 일으키고 있는가?

돈 문제는 언제나
'정체성'과 관계가 있다

사실 삶의 모든 부분에서 그래야 하지만 합리적인 경제생활에서도 성경적 정체성을 가지고 사는 것이 매우 중요하다. 우리는 성도와 죄인이라는 두 가지 정체성을 가지고 살아야 한다. 우리가 성도인 것은 '그리스도 안'에 거하는 큰 축복을 받았기 때문이다. 곧 우리는 경건한 삶에 필요한 것을 모두 받았다(벧후 1:3 참조). 성도라는 정체성이 중요한 것은, 그리스도 안에 있는 내 정체성을 망각하면 그리스도 안에서 내가 받은 것을 놓친 채 이미 하나님께 받아 놓고도 땅을 두리번거리기 때문이다. 돈으로 할 수 없는 일을 하려고 하고 불필요한 데 돈을 쓰려고 하다가 결국 가진 돈보다 쓰는 돈이 더 많아진다. 우리가 구주 안에서 받은 것이 무엇인지 모르고 살면, 돈을 구원자로 모시는 일이 벌어진다. 존은 자기가 누구인지 잃어버렸고 경제생활은 급기야 혼란과 절망에 빠졌다.

우리는 또한 삶과 마음에 죄가 계속 남아 있다는 사실을 인식해야 한다. 그렇다. 우리는 용서를 받았다. 그렇다. 우리는 더 이상 죄의 굴레에 갇혀 살지 않지만 죄는 아직 뿌리가 남아 있다. 이 같은 사실을 겸허히 받아들이지 않으면 죄에 취약한 내 모습을 부정하기 바쁘고, 수많은 돈의 유혹에 속수무책으로 넘어간다.

죄가 남아 있다는 것은 여전히 돈에 관한 생각과 욕망이 잘못될 여지가 있다는 뜻이다. 우리가 재정 사용에서 잘못된 선택으로 문제를 일으키는 것은 우리 마음에 여전히 남아 있는 죄 때문이다. 문제는 돈이 아니라 우리다. 우리가 이 사실을 고백하면 더 높은 전략을 향해 한 걸음 전진할 수 있다. 당신의 경제생활에서 (성도와 죄인이라는) 정체성을 망각했다는 사실이 드러나는 부분은 어디인가?

부채는 예산으로 해결되지 않는다

예산을 잘 세우는 것 또한 가계 경제를 회복하는 효과적인 방법이다. 그러나 예산으로는 나를 나에게서 구할 수 없다. 계획한 대로 지키겠다는 의지를 통제할 힘이 없기 때문이다. 성경적으로 현명한 예산을 세우기 전에 정직하게 고백하고 새로운 생활 방식을 다짐하지 않으면, 그 예산으로는 나를 바꾸지 못한다. 대다수가 예산의 득을 보지 못하는 것은 재정 문제를 일으킨 근본 원인인 마음의 문제를 방치하기 때문이다. 예산으로는 나를 나에게서 구하지 못한다. 예수님의 은혜로만 할 수 있다.

존은 누구보다 예산에 밝았고 '초고속으로 부자 되는 법' 같은 세미나에 누구보다 많이 참석했다. 하지만 마음의 문제를 다루지 않았기 때문에 결국 어떤 것도 존을 근본적인 변화로 이끌지 못했다.

경제생활의 긍정적인 변화는, 흔들리는 마음과 방황을 겸손히 인정하고 주님이 베푸시는 구원과 용서, 변화의 은혜를 간절히 구하는 것에서 시작한다. 여느 규칙과 마찬가지로 예산 짜기에서도 은혜만이 할 수 있는 일을 (하나님 또는 우리의) 율법이 해 주길 기대할 수 없다. 합리적인 경제생활은 예산이 아니라 핑계를 대지 않고 책임을 전가하지 않는 겸손하고 정직하고 진심에서 우러나는 고백에서 시작된다. 당신의 경제생활에서 하나님이 당신의 마음과 손의 정직한 고백을 원하는 부분이 있는가?

부채를 해결하려면 빚의 액수가 아니라 사랑의 대상을 알아야 한다

우리는 왜 돈을 사랑할까? 돈으로 할 수 없는 일을 할 수 있다고 믿기 때문이다. 존이 절망과 분노를 품은 것은 아주 오랫동안 몰래 사랑하는 애인을 줄기차게 따라다녔지만 그 애인의 사랑을 받지 못했다는 사실 때문이다. 돈은 잔인한 애인이다. 돈은 우리에게서 가져가고, 가져가고, 또 가져가지만 우리가 받고 싶어 하는 것은 절대 주지 않는다.

하나님은 우리를 믿고 돈을 맡기셨다. 이 얼마나 감사한 일인가! 풍성히 받을 때는 기뻐해야 하고 맡은 돈을 잘 관리해야 한다. 그러나 돈을 사랑해서는 안 된다. 돈을 사랑하면 언제나 끝맺음이 실망스럽다. 우리는 질투, 탐욕, 분노, 절망, 이기주의에 물들어 온갖 잘못된 선택과 행동을 한다. 하나님은 선한 유산을 남기라고 돈을 맡기셨는데, 우리는 그만 돈을 사랑해 악을 낳고 만다. 당신도 돈을 사랑하고 있지 않은가?

하나님의 목표,
우리가 하나님을 닮는 것이다

인생의 다른 모든 일과 마찬가지로, 하나님은 부자가 되겠다는 목표를 버리고, 베풂을 통해 구원 사명에 순종하라고 우리를 부르신다. 하나님은 우리가 받은 돈을 대하고 사용할 때 하나님의 보이지 않는 베푸심을 드러내기를 바라신다.

그러려면 맨 먼저 내 돈은 하나님의 돈이고, 하나님의 목적이 내 목적이라는 것을 받아들여야 한다. 하나님은 이미 우리에게 주신 돈을 어디에 쓸지 계획을 세워 놓으셨다. 그분의 계획은 내 욕구와 필요와 계획보다 훨씬 더 크다. 내가 필요한 것은 모두 공급하실 뿐더러 분에 넘치게 복을 내리겠다 후하게 약속하신 하나님은, 하나님이 먼저 마음을 여신 것처럼 이제 나도 내 마음을 열어 기꺼이 기쁘고 후하게 베풀라 하신다.

당신 앞에 도움이 필요한 사람이 나타났는가? 그것은 결코 우연이 아니다. 하나님이 주신 기회이자 부르심이다. 돈이 생길 때 항상 나부터 생각하면 하나님과 이웃을 위해 쓸 돈은 거의 남지 않는다는 것을 꼭 기억해야 한다. 우리가 받은 부름은 후하게 베푸는 삶이지 쓰고 남은 돈을 동냥하는 삶이 아니다. 존은 하나님의 아낌없는 베푸심을 아무렇지 않게 의심했기 때문에 후하고 기쁘게 베푸는 생활을 하지 않았다. 당신의 경제생활에서는 하나님의 아낌없는 베푸심이 나타나는가?

﹀

당신을 향한 놀라운 은혜

나는 본래 인색한 데다 거의 늘 내 생각부터 했다. 남을 돕는 일은 쉽게 외면하거나 핑계를 댔다. 물건을 지나치게 사랑하고 그 물건을 살 수 있는 돈을 좋아했다. 나는 내 돈을 내 것이라고 생각했다.

그러다 몇 년 전 하나님이 사랑과 인내의 은혜로 내 마음을 만지기 시작하셨다. 하루아침에 생긴 일은 아니지만 나는 서서히 돈을 사랑하지 않게 되었다. 하나님의 아낌없는 베푸심에 동참하여 하루하루 내가 있는 자리에서 만나는 사람들에게 아낌없이 베풀고 싶은 마음이 자랐다. 내가 복을 받은 것처럼 남들에게 넉넉히 베풀고 축복하는 삶이 즐거웠다.

무슨 영웅 대접을 받고 싶어서 이런 이야기를 하는 것은 아니다. 진짜 영웅은 은혜를 아낌없이 베푸시는 하나님이다. 하나님은 우리가 내 배만 불리고 하나님 없이 살 때조차 은혜를 아낌없이 베푸셨다. 내가 나에게서 풀려나야 한다는 것을 잘 아시는 하나님의 도우심으로, 나는 여러 가지 상황에서 여러 사람을 만나면서 내 마음의 실상을 깨달았고, 마침내 마음이 변화되었다.

하나님의 부르심은 매우 구체적일 뿐 아니라 은혜를 아낌없이 베풀기도 해 우리를 베푸는 삶으로 인도한다. 우리는 하나님의 은혜에 힘입어 돈에 관한 개념과 용도를 완전히 뒤집어야 한다. 그래야 하나님과 사람들 앞에서 다르게 살 수 있다. 우리 혼자 힘으로는 불가능하기 때문에 하나님은 인생과 마음의 영원한 변화에 필요한 은혜를 후히 베푸신다.

우리가 돈을 잘못 사용하고 있다는 사실을 오늘 인정하고, 우주에서 가장 너그러우신 하나님께 달려가 도움을 청하지 않겠는가? 하나님은 우리를 절대 빈손으로 돌려보내지 않으신다. 하나님은 '그분만이 가지고 계신, 우리에게 간절한 것들'을 아낌없이 내주기를 참으로 좋아하는 분이시다.

재정관 바로 세우기

1. "소비 생활을 결정하는 것은 소득 수준이 아니라 언제나 마음속 욕망이다." 당신의 일상과 경제생활에 이 말을 적용해 그 뜻을 설명해 보라.

2. 왜 예산을 세우는 것만으로는 재정 문제를 해결하기가 어려운가? 무엇이 더 필요한가?

3. "돈을 사랑하면 언제나 끝맺음이 실망스럽다." 당신의 삶에서도 그런 일이 있었는가?

4. 고린도후서 8장 1-15절을 읽고 다음의 물음에 답해 보라.

- 우리의 아낌없는 베풂은 하나님의 은혜를 어떻게 드러내는가?
- 신자들이 헌신적으로 베풀 수 있었던 이유는 무엇인가?
- 사도 바울이 12-14절에서 말하는 베풂의 원칙은 무엇인가?
- 이 본문에서 예수님의 아낌없는 베푸심은 어디에 있는가?

5. 당신의 경제생활에서 하나님의 도움을 받아야 하는 부분은 무엇인가? 경제생활의 변화뿐 아니라 마음까지 변화될 준비가 됐는가? 그럴 수 없다면 무엇 때문인가? 하나님의 은혜는 당신을 기다린다.

말씀으로 변화되는 마음

- 베드로후서 1장 3-8절